魅惑のバレエの世界

入門編

渡辺真弓
写真●瀬戸秀美

青林堂

Contents

第III章 バレエ・リュスとその栄光 65

第IV章 バレエの美神たちの肖像 79

第V章 20世紀バレエの巨匠たち 109

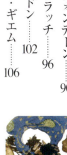

………まえがき………

バレエは生きた芸術です。ルネッサンス期のイタリアで誕生し、フランスに移入され発展し、ロシアで開花しました。そしてその後も絶え間なく変化を遂げて、世界へ広がってきたのです。それは、バレエが言葉なくして身体の動きを通して、メッセージを伝えることができるという特性のおかげでしょう。

バレエの歴史は、それぞれの時代のエポック・メイキングな出来事が積み重なって出来上がってきました。

まず16世紀にカトリーヌ・ド・メディシスがイタリアからフランス王家へ嫁いだことによって、フランスにバレエの種が蒔かれます。1581年に宮廷で上演された『王妃のバレエ・コミック』は、その大掛かりな舞台作りから初のバレエと言われています。それからバレエは430年を越す歴史をたどってきました。

次は、太陽王ルイ14世の1661年の王立舞踊アカデミー（現在のパリ・オペラ座バレエ）創立。バレエを体系化しようとした第一歩で、王の舞踊教師であったピエール・ボーシャンが定めた足の5つのポジションを基本にバレエは発展していきます。

マリー・タリオーニは、1832年『ラ・シルフィード』で本格的にポワント技法を使って称賛を浴びたバレリーナです。フランス生まれのマリウス・プティパは、19世紀半ばロシアの都サンクトペテルブルグへ行き、チャイコフスキーの「三大バレエ」を完成させた「古典バレエの父」です。

20世紀は、ロシアからバレエがフランスに里帰りする時代。革新の波を作ったのはディアギレフ率いるバレエ・リュスで、20世紀バレエ発展の足跡を、パリ、ロンドン、ニューヨーク等々世界各地へ残して行くのです。

『瀕死の白鳥』で有名な伝説のバレリーナ、アンナ・パヴロワも世界へバレエの種を蒔いた伝道師でした。20世紀半ばには、世紀の天才ルドルフ・ヌレエフが旧ソ連から亡命、世界に旋風を巻き起こし、パリ・オペラ座に隆盛をもたらします。

大まかにこのような流れでバレエは世界に広がり、今日に至ったのです。

ここでは、バレエ史を順にたどってはいませんが、バレエ王国の現在、バレエの名作、20世紀バレエの革新の道を切り開いたバレエ・リュスとその栄光、20世紀の伝説のスターたちと振付の巨匠たちという多様な切り口でバレエの魅力に迫ってみました。

本書を通して、魅惑のバレエの世界をお楽しみいただけたら幸いです。

平成27年11月吉日

渡辺 真弓

バレエの基本知識

●バレエ balletの語源：イタリア語の「舞踊」を意味するバッロ balloの縮小辞、バッレット balletto（小さな舞踊）に由来。動詞はバッラーレ ballare（踊る）。

●足の5つのポジション：ルイ14世の舞踊教師であったピエール・ボーシャン（1636〜1705）が定めたもので、アン・ドゥオール（仏en dehors＝足を外側へ向けて開くこと）が原則である。

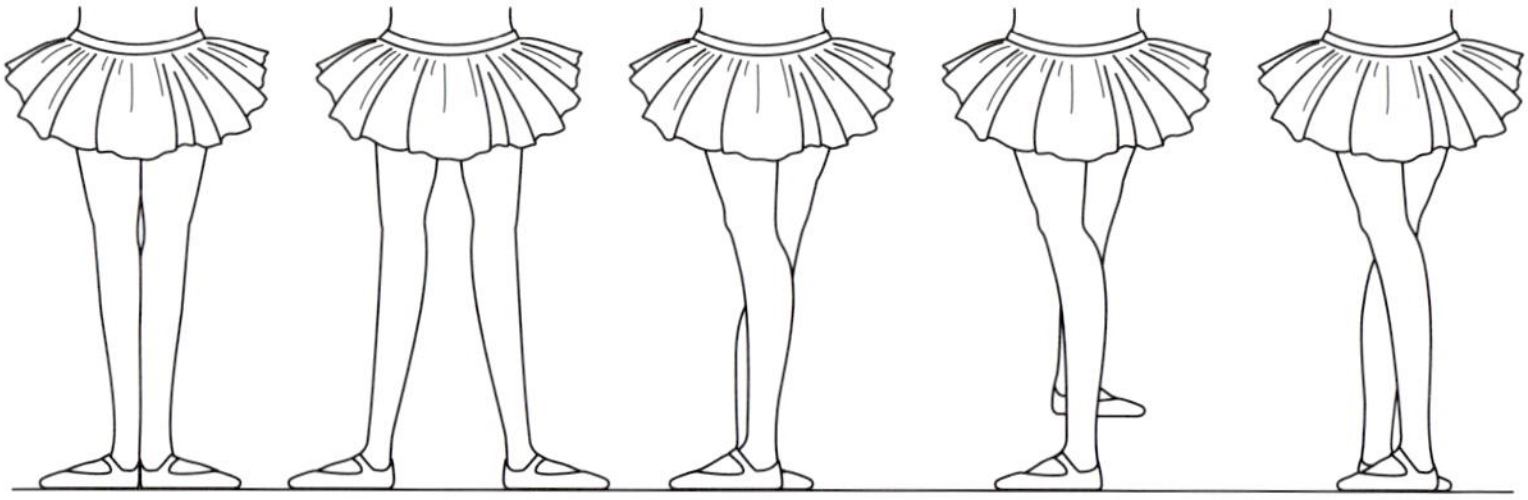

1　2　3　4　5

●バレエの基本用語はほとんどフランス語である。
――本書に登場する主なバレエ用語。

- **ポワント** pointe＝爪先あるいはトゥ・シューズ。
- **チュチュ** tutu＝バレリーナが身につけるスカート。
- **パ・ド・ドゥ** pas de deux＝二人の踊り。
  主役二人の「グラン・パ・ド・ドゥ」は、アダージュ、男女の各ヴァリアシオン、コーダからなる。アダージォ（伊語）やヴァリエーション（英語）と言う場合もある。最も有名なものに『ドン・キホーテ』『黒鳥』『海賊』など。
- **プリマ・バレリーナ** prima ballerina＝主役を踊るバレリーナ
- **プリンシパル** principal＝バレエ団の最高位のダンサー。パリ・オペラ座では星を意味する「エトワール」の名称を採用。
- **コール・ド・バレエ** corps de ballet＝主役の後方で群舞を受け持つ踊り手たち。

※本書の情報は2015年10月現在のものです。ロシアでは、革命以前まで旧ロシア暦が使われていましたが、本書では特に記載がない限り基本的に新暦で表記してあります。

第I章

世界のバレエの現在

フランス・バレエの伝統と革新

パリ・オペラ座バレエ

France

創立：1661年
本拠地：パリ・オペラ座ガルニエ＆バスティーユ
舞踊監督：バンジャマン・ミルピエ

2014年9月に行われた『デフィレ』。©Elena Bauer / Opéra national de Paris

■太陽王ルイ14世が創立 世界最古350年の歴史

パリ・オペラ座バレエは、芸術の都パリの中心に位置し、伝統を重んじると同時に革新を目指し、常に世界のバレエをリードする存在であった。その起源は、1661年、舞踊を愛好した太陽王ルイ14世が創立した王立舞踊アカデミーに遡《さかのぼ》る。350年を越す歴史は世界最古。オペラ座バレエの歴史はバレエ史そのものと言える。1713年には、オペラ座バレエ学校が創立され、2013年の創立300年を節目に新時代への一歩を踏み出した。オペラ座バレエの特徴は、洗練《せんれん》されたエレガントな様式美にあると言われるが、これは王立という起源から発展した歴史と無関係ではなかろう。

フランスにバレエが移入されたのは、ルイ14世の治世《ちせい》より1世紀ほど遡った16世紀のことである。フィレンツェのメディチ家からカトリーヌ・ド・メディシス（カタリーナ・ディ・メディチ）がフランス王家に輿入《こしい》れし、イタリアで盛んだった舞踊の余興をもたらした。1581年には、『王妃のバレエ・コミック』という大規模な宮廷バレエが上演され、これがバレエの始まりとされている。以後、王侯貴族の庇護《ひご》の下《もと》、バレエは発展し、王立舞踊アカデミー設立へと向かう。

『ジゼル』はオペラ座で初演された。第2幕よりジゼルを演じるドロテ・ジルベール　©瀬戸秀美

ルイ14世は、『夜のバレエ』（1654年）で曙《あけぼの》の役を演じたことから「太陽王」の異名《いみょう》をとる。王が踊りを止《や》めると、バレエは次第に職業舞踊家の手に委《ゆだ》ねられ、18世紀には、マリー・カマルゴ、マリー・サレ、オーギュスト・ヴェストリスといった名手が出現。ジャン＝ジョルジュ・ノヴェールの舞踊に演劇的に一貫した筋をもたせようとした「バレエ・ダクシオン」の時代を経て、バレエは現在見るような形に近づいていった。

19世紀のオペラ座は、ロマンティック・バレエの舞台となり、『ラ・シルフィード』（1832年）や『ジゼル』（1841年）など妖精を主役としたバレエが多数生まれた。マリー・タリオーニやライバルのファニー・エルスラー、カルロッタ・グリジといった名花たちが妍《けん》を競い、歴史にその名が刻まれた。しかし、19世紀も半《なか》ばを過ぎると、社会情勢の変化に伴《ともな》い、バレエはフランスでは衰退。替わってバレエの中心は帝政ロシアへ移り、開花の時代を迎える。

■20世紀の栄光を築いたリファールとヌレエフ

ロシアで大輪《たいりん》の花に成長したバレエは、20世紀初頭に逆輸入され、パリ・オペラ座を再び活況《かっきょう》に導く。その最初の功労者はセルジュ・リファールである。リファールは、ディアギレフ率いるバレエ・リュス（ロシア・バレエ団）で活躍した最後のスターで、1930年から戦後の中断を挟んでおよそ四半世紀の長きにわたって、オペラ座を率いた。ラロ作曲『白の組曲』（43年）やソーゲ作曲『レ・ミラージュ』（47年）といったフランス音楽に振付けた名作を生み、『イカール』（35年）のような実験的作品を創作するなど、オペラ座に新しい空気を送り込むことに成功した。

リファール着任からおよそ半世紀後の83年、世紀の天才舞踊手ルドルフ・ヌレエフが芸術監督に就任《しゅうにん》し、オペラ座に新たな栄光の時代が訪れる。在任6年間に、『ライモンダ』（83年）を皮切りにチャイコフスキーの三大バレエや『シンデレラ』（86年）など数々の大作を送り出したほか、晩年には絢爛豪華《けんらんごうか》な『ラ・バヤデール』（92年）を初演、今日のオペラ座の基盤を支えるレパートリーの宝庫を残した。実力ある若手を積極的に登用《とうよう》し、シルヴィ・ギエム、イザベル・ゲラン、ローラン・イレール、マニュエル・ルグリといった「ヌレエフ世代」のエトワールたちが一世を風靡《ふうび》した。

中でもギエムは、１００年に一人の逸材《いつざい》と言われ、イタリア人のカルロッタ・ザンベッリからイヴェット・ショヴィレ、ノエラ・ポントワに連なる20世紀のオペラ座のバレリーナの系譜にひときわ輝かしい存在として記録されることであろう。こうした優秀な人材を輩出したのはパリ・オペラ座バレエ学校で、73〜２００４年に往年の名エトワール、クロード・ベッシーが校長を務めた時代、現代的な教育システムが取り入れられた成果にほかならない。

ヌレエフの後は、90〜95年、〝オペラ座の放蕩児《ほうとうじ》〟と言われたパトリック・デュポンが芸術監督を務め、その後は、95〜２０１４年の約20年間、オペラ座出身のブリジット・ルフェー

ヌレエフ最後の大作『ラ・バヤデール』第2幕よりニキヤを踊るアニエス・ルテステュ　©瀬戸秀美

『ラ・バヤデール』第2幕より婚約式。ガムザッティ（レティシア・ピュジョル）とソロル（マニュエル・ルグリ）　©瀬戸秀美

ヴルの長期政権が続き、「ルフェーヴル世代」の活躍を促《うなが》した。この世代の主なエトワールには、ニコラ・ル・リッシュ、ジョゼ・マルティネズ、アニエス・ルテステュ、オーレリ・デュポン、マチュー・ガニオ、エルヴェ・モロー、ドロテ・ジルベール等がいる。

　ルフェーヴルの時代は、ヌレエフのバレエが百花繚乱《ひゃっかりょうらん》の輝きを放ったと同時に、コンテンポラリー作品の上演に積極的で、門外不出だったピナ・バウシュの『春の祭典』（75年初演／97年）から勅使川原三郎の『AIR』（2003年）、来日公演も行われたマルティネズの『天井桟敷《てんじょうさじき》の人々』（2008年）などレパートリーの幅が飛躍的に広がり、世界のダンスのパノラマといった趣《おもむき》を呈《てい》した。

　2014年ルフェーヴルの後任として、フランス人のバンジャマン・ミルピエが舞踊監督に就任。15年9月から本格的シーズンの幕を開けた。ニューヨーク・シティ・バレエ出身でバランシンのDNAを引き継ぐミルピエが今後いかにオペラ座を改革していくのか世界から熱い視線が注《そそ》がれている。

■輝けるエトワール達 レパートリーの宝庫

オペラ座バレエを特徴づけているのは、伝統的に質の高い踊り手と豊富なレパートリーを擁《よう》してきたことである。

　現在のバレエ団員は約150名。ほとんどがオペラ座バレエ学校出身者というエリートの集まりである。主役を踊るスター舞踊手は、星を意

現代バレエの名作、マルティネズ振付『天井桟敷の人々』よりガランス（イザベル・シアラヴォラ）とバティスト（マチュー・ガニオ）©瀬戸秀美

味する「エトワール」と呼ばれ、エトワール以下プルミエ・ダンスール（第一舞踊手）、スジェ、コリフェ、カドリーユの順に5つの階級に区分され、ピラミッド構造をなしているのが特徴だ。エトワールの座にあるのは団員の10%ほどで、まさにエリート中のエリートなのである。エトワールは任命制だが、スジェ以下のコール・ド・バレエ（群舞）のダンサーは毎年行われる進級試験を突破しなければ上位に上がることができない。

この独特のシステムは19世紀以来の伝統で、これほどダンサー同士の競争意識を煽《あお》るものはないだろう。常に緊張状態を保つことがバレエ団の水準を高める原動力になっているとも言えよう。オペラ座の階級制には、エトワール＝王とその取り巻きの構図が反映されていると言われ、今なお草創期の伝統が受け継がれているのである。

レパートリーに目を転じると、長い歴史の中では消えてしまったものも少なくないが、ヌレエフのバレエをはじめとする古典の全幕バレエから、バランシンやロビンズのネオ・クラシック・バレエ、リファールやローラン・プティ、モーリス・ベジャールというフランス・バレエの遺産、そしてケネス・マクミラン、ジョン・ノイマイヤー、ウィリアム・フォーサイスなどの現代バレエの巨匠たちの作品、コンテンポラリー・ダンスに至るまで、これほど多彩なレパートリーを踊りこなしているバレエ団はほかにないだろう。

オリジナル作品では、フォーサイスの『イン・ザ・ミドル・サムホワット・エレヴェイテッド』（87年）、プレルジョカージュの『ル・パルク』（94年）、カールソンの『シーニュ』（97年）、ノイマイヤーの『シルヴィア』（97年）、『大地の歌』（2015年）、J＝G・バールの『泉』（11年）等が反響を呼び、マッツ・エックの現代版『ジゼル』（93年）、ノイマイヤーの『椿姫』（2006年）、クランコの『オネーギン』（09年）など名作の上演もレパートリーを豊かにした。

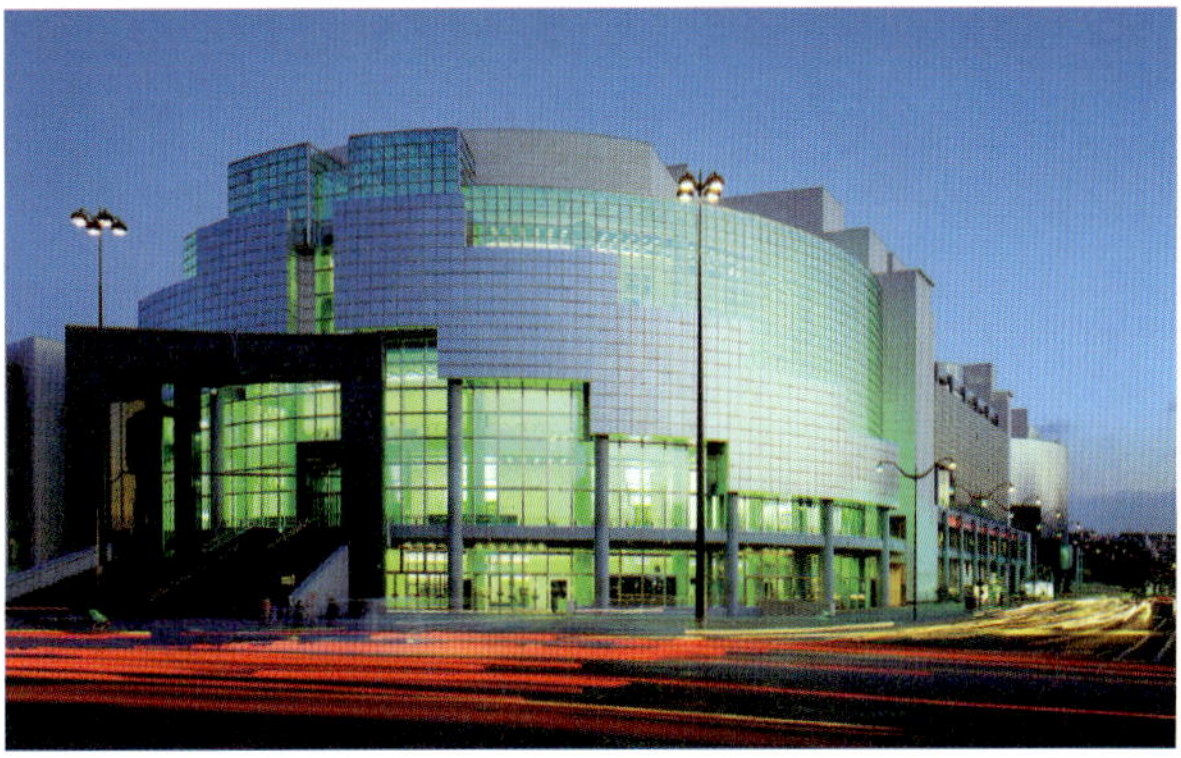

上＝ガルニエ宮　©Jean-Pierre Delagarde / Opéra national de Paris
下＝オペラ座バスティーユ　©Christian Leiber / Opéra national de Paris

■ガルニエとバスティーユ 二つの劇場を本拠に活動

バレエ団の本拠地は、1875年開場の歴史的建造物のガルニエ宮（約2000席）とフランス革命200年を記念して1989年バスティーユ広場に建設されたオペラ座バスティーユ（約2700席）の2劇場。前者は、設計者シャルル・ガルニエの名前を冠《かん》し、ヴェルサイユ宮殿を彷彿《ほうふつ》とさせる豪華絢爛な造りが訪れる者を魅了してやまない。世界で最も美しい劇場の一つに数えられる。とりわけオペラ座ゆかりの音楽家たちを描いたシャガールの天井画は有名。舞台奥にはリハーサルなどに使う控えの間（フォワイエ・ド・ラ・ダンス）があり、「デフィレ（行進）」上演の際は、ここまで開け放たれ、気の遠くなるような奥深い空間を出現させる。

「デフィレ」とは、舞台奥から、まずバレエ学校生徒、続いてバレエ団員が行進してきて、最後に全員が一堂に会すオペラ座ファミリー勢揃いの顔見せ興行である。優雅な伝統が偲《しの》ばれ、オペラ座の偉容《いよう》を示すにふさわしい。シーズン開始かガラ公演など特別興行の折に上演されている。

ミルピエ新監督になってからの初めての「デフィレ」（2015年9月）は、音楽が変更され、戦後リファールが採用したベルリオーズ曲『トロイ人』の行進曲からワグナー作曲「タンホイザー」の行進曲（原案は1926年レオ・スターツ）に戻された。

オペラ座は、1671年セーヌ左岸のジュ・ド・ポームで旗揚げ公演を行って以来、本拠地を転々とし、オペラ座バスティーユは14代目の劇場に当たる。現在はガルニエとバスティーユの両劇場を舞台に、年間150回余りのバレエ公演が行われている。

ボリショイ劇場　©瀬戸秀美

ロシア・バレエの栄光

ボリショイ・バレエ

■世界のバレエの総本山　圧倒的スケールの舞台

バレエと言えばボリショイ。バレエ王国ロシアを象徴する存在である。日本とは古くから縁があり、ボリショイ・バレエが初来日した1957年、初めて見る世界トップ・クラスのバレエに日本のバレエ界は開眼させられたのである。それから半世紀たった今もボリショイ・バレエは、王者の風格健在で、世界のバレエの最高峰に君臨《くんりん》し続けている。

2013年にボリショイ・バレエ学校（1773年創立。現在の正式名称は国立モスクワ・バレエ・アカデミー）が創立240年祭を祝ったのに続き、2015―16年のシーズンは、ボリショイ・バレエ団の創立240年の節目に当たる。折しもボリショイ劇場内部に初めてカメラが入り撮影されたドキュメンタリー映画『ボリショイ・バビロン』が公開された。バレエの殿堂を古代に栄華《えいが》を極めたバビロン帝国になぞらえたところが心憎い。

「ボリショイ」とはロシア語で「大きい」という意味である。この劇場で上演されるグランド・バレエの迫力は、まさに劇場の名称そのもの。主役から群舞に至るまで一丸となったスケール大きくエネルギッシュな舞台は、バレエの醍醐味《だいごみ》を存分に味わわせてくれる。

Russia

創立：1776年
本拠地：モスクワ、ボリショイ劇場
総裁：ウラジーミル・ウーリン
芸術監督：セルゲイ・フィーリン（2016年3月まで）

『ドン・キホーテ』第1幕より。キトリを踊るナタリヤ・オシポワは、ボリショイが生んだ世界の大スター。2013年以降、英国ロイヤル・バレエに拠点を移す。©瀬戸秀美

広大な国土を擁するロシアには、各地にオペラ・バレエ劇場付属のバレエ団が存在するが、ロシア・バレエの殿堂として双璧《そうへき》を成すのがモスクワのボリショイ・バレエとサンクトペテルブルグのマリインスキー・バレエである。創立はボリショイが最初の公演を行った1776年、マリインスキーが最初の劇場が創設された1783年とされ、両者の間にそれほど差はない。しかし、マリインスキーが皇帝の庇護を背景に宮廷内の舞踊学校（1738年創立。現在のワガノワ・バレエ・アカデミー）を母体に発展したのに対し、ボリショイはモスクワ養育院で孤児たちが舞踊家として育成され、やがて劇場の舞台に立つようになったという違いがある。貴族的なマリインスキーと庶民的なボリショイの舞踊スタイルの違いは沿革の背景にも起因していると言われる。

19世紀に入ると、フランスで盛んになったロマンティック・バレエの波がモスクワにも到来するが、その後、ボリショイ劇場では記念すべき名作が初演される。1869年のミンクス作曲の『ドン・キホーテ』と77年のチャイコフスキー作曲『白鳥の湖』である。後者は失敗とされ、それから18年後の95年サンクトペテルブルクでマリウス・プティパの新版が初演されて、作品の真価《しんか》が世に伝えられる。

ボリショイ十八番『ラ・バヤデール』より「影の王国」の幽玄の世界　©瀬戸秀美

■キラ星の如きスター
多彩なレパートリー

20世紀に入ってからの発展は実に目覚ましい。まず1901年サンクトペテルブルグからプティパの弟子であるアレクサンドル・ゴルスキーがバレエ・マスターに着任、20年間にわたって活躍し、アサフ・メッセレルやイーゴリ・モイセーエフといった優れた人材を育成した。ロシア革命後の18年に首都がサンクトペテルブルグからモスクワに移ると、ボリショイは首都の威信《いしん》をかけて国家を代表する劇場へと飛躍的な変化を遂げていく。

スター舞踊手とレパートリーの充実が図《はか》られ、30年代から、旧首都から優れた舞踊家や振付家たちが相次いでモスクワに移籍。そうした中には、偉大な指導者であるアグリッピナ・ワガノワの愛弟子マリーナ・セミョーノワや世紀の舞姫と謳《うた》われたガリーナ・ウラーノワがいる。一方、モスクワ出身ではオリガ・レペシンスカヤなどのスターが生まれた。

バレエ作品では、戦後の45年、プロコフィエフ作曲、ザハーロフ振付『シンデレラ』が世界初演されたのをはじめ、ワイノーネン振付『パリの炎』（33年）、ザハーロフ振付『バフチサライの泉』（36年）、ラヴロフスキー振付『ロミオとジュリエット』（46年）などドラマティックなバレエがボリショイのレパートリーに加えられた。

■スペクタクル性に富んだ大作
グリゴローヴィチの黄金時代

64年に、サンクトペテルブルグ（当時はレニングラード）出身のユーリ・グリゴローヴィチ（1927〜）が芸術監督および首席振付家に就任、30年以上にわたって采配《さいはい》を振るい、現在のボリショイ・バレエの隆盛《りゅうせい》が築かれる。グリゴローヴィチは、『白鳥の湖』や『眠れる森の美女』などの古典の改訂を手がけたほか、『愛の伝説』(65年)、『スパルタクス』(68年)、『イワン雷帝』(75年)、『ロミオとジュリエット』(79年)、『黄金時代』(82年)など男性舞踊手を活用したスペクタクル性に富んだ大作を次々に上演し、ボリショイ・バレエの名声を高めた。巨匠は、95年に芸術監督の座を降りたが、2008年にバレエ・マスターおよび振付家として復帰し、今もその影響は少なくない。

グリゴローヴィチの時代には、世紀のプリマ、マイヤ・プリセツカヤをはじめ、エカテリーナ・マクシーモワ、ウラジーミル・ワシリエフ、ナタリヤ・ベスメルトノワ、リュドミラ・セメニャーカ、ニーナ・アナニアシヴィリ、イレク・ムハメドフなど傑出《けっしゅつ》したスターたちが活躍。プリセツカヤは、キューバの振付家アロンソに『カルメン』(67年)を委嘱《いしょく》したのをはじめ、ベジャールやプティなど西側の振付家とコラボレーションを行うなど、旧ソ連時代としては驚くほど果《か》敢《かん》な挑戦を繰り広げた。

■さらなる飛躍を目指して前進 21世紀のボリショイ・バレエ

95年にグリゴローヴィチが退任した後、ボリショイでは芸術監督が数年ごとに交替する状態が続いたが、2011年に就任したのがセルゲイ・フィーリンだった。同年ボリショイ劇場のリニューアル・オープンを記念し、グリゴローヴィチによる新制作『眠れる森の美女』が上演され、その後もボリショイ劇場および同新館(02年開場)の二つの劇場を本拠に活発な公演活動が行われている。

13年には、芸術監督のフィーリンを襲《おそ》った硫酸事件が起こり、ボリショイは大きく揺らぐが、同年7月からウラジーミル・ウーリンが総裁に就任、ボリショイは起死回生《きしかいせい》に賭けて前進する。

近年、クランコの名作『オネーギン』やノイマイヤーの『椿姫』、エックの『アパルトマン』などをレパートリーに加えたほか、ラトマンスキー振付『明るい小川』(2003年)や『失われた幻影』(11年)、マイヨーの『じゃじゃ馬馴らし』(14年)、ポソホフの『現代の英雄』(15年)など新作の上演にも積極的で、レパートリーは年々多彩になっている。

ボリショイを代表するスターとしては、マリーヤ・アレクサンドロワのほか、サンクトペテルブルグから移籍したスヴェトラーナ・ザハーロワとオリガ・スミルノーワ、ボリショイ初のアメリカ人プリンシパル、デヴィッド・ホールバーグ等が活躍中で、舞踊手の層の厚さは世界随一。最高峰を極める勢いは止《とど》まるところを知らないようだ。

ロシア・バレエの栄光

マリインスキー・バレエ

マリインスキー劇場　©瀬戸秀美

Russia

創立：1783年
本拠地：サンクトペテルブルグ、マリインスキー劇場（1860～1920年帝室マリインスキー劇場、20～35年国立アカデミー・オペラ・バレエ劇場、35～92年キーロフ劇場、92年～マリインスキー劇場）
芸術総監督：ワレリー・ゲルギエフ

■帝政ロシアの歴史の下に古典バレエの貴重な遺産

マリインスキー・バレエは、帝政ロシアの首都として栄えたサンクトペテルブルグの西欧的な佇《たたず》まいそのもののような奥ゆかしさと優雅さを今に伝える名門である。現在では、首都モスクワを本拠とするボリショイ・バレエが「ロシアの顔」として知られているが、フランス人によってバレエが移入され、ロシア最初の舞踊学校が創設されたのはこの北のパリと呼ばれた都なのである。

18世紀にピョートル大帝が帝都と定めて以来、サンクトペテルブルグは「西欧への窓」として西欧文明を積極的に受け入れ、オペラやバレエを育成し発展させる芸術の揺りかごとなった。

帝室劇場の起源は1783年にボリショイ劇場（カーメンヌイ劇場＝石の劇場）が開場した時に遡り、230年の有数の歴史を誇る。これはモスクワのボリショイ劇場の創立に遅れること数年だが、1738年には帝室舞踊学校が開校され、現在ワガノワ・バレエ・アカデミーの名称で知られている。フランス人舞踊家のジャン＝バティスト・ランデが、アンナ女帝の認可を得て設立。2013年に創立275周年を祝ったが、この歴史は、同年300周年を迎えた世界最

定評ある『白鳥の湖』第1幕第2場の名場面　©瀬戸秀美

古のパリ・オペラ座バレエ学校に次ぐものである。

皇帝の庇護の下、18世紀にはシャルル＝ルイ・ディドロ（1767〜1837）、19世紀にはマリウス・プティパ（1818〜1910）と、二人のフランス人舞踊家の尽力《じんりょく》によって、バレエは開花の時を迎える。

現在私たちが鑑賞できる古典バレエのほとんどはプティパが振付け、サンクトペテルブルグの帝室劇場で上演されたものである。フランス生まれの『ジゼル』や『海賊』はここで改訂され、チャイコフスキーの三大バレエ『白鳥の湖』（1895年復活上演）、『眠れる森の美女』（90年）、『くるみ割り人形』（92年）はじめ、『ラ・バヤデール』（77年）など名作は限りなく、まさに古典バレエの宝庫といった様相を呈している。プティパは、1847年にこの街に到着して以来、60年間にわたって帝室劇場で振付の手腕を発揮し、古典バレエの様式の確立に多大な功績を残した。

■20世紀バレエの発展促した優れた舞踊家、指導者輩出

20世紀に入ると、ロシアで開花したバレエ芸術は、今度は西欧へと流出され、新たな発展の時を迎える。その最初の波をもたらしたのは、ディアギレフ率いるバレエ・リュスで、プティパのバレエに改革をもたらしたミハイル・フォーキンをはじめ、アンナ・パヴロワ、ワツラフ・ニジンスキー・タマラ・カルサヴィナという人材を送り出したほか、同時代の著名作曲家や美術家とコラボレーションを果たした豪華で革新的な作品で西欧を席巻《せっけん》した。

革命後のロシアでは、アグリッピナ・ワガノワという優れた教師が、イタリア派やフランス派などのメソードを融合した独自の「ワガノワ・

『眠れる森の美女』第1幕。ヴィハレフによってプティパ初演版が現代に蘇る　©瀬戸秀美

メソード」を確立し、マリーナ・セミョーノワやガリーナ・ウラーノワなど世界的なバレリーナを育てた。サンクトペテルブルグのバレエは、優雅なポール・ド・ブラと流麗《りゅうれい》な動きを特徴としているが、現在このメソードはロシアのみならず世界のバレエの基本メソードとして脈々と受け継がれている。

またロプホーフの「赤いけし」（1929年）をはじめ、ワイノーネン、ザハーロフ、ラヴロフスキー、グリゴローヴィチなど現代バレエの巨匠たちによる作品が次々に発表され、ソヴィエト・バレエの新時代を告げた。こうした人材たちは、新たに首都となったモスクワのボリショイ・バレエを活性化するのに貢献《こうけん》していく。

60年代以降は、世紀の舞踊家と言われるスーパースターたちが相次いで西側に亡命。61年ルドルフ・ヌレエフがパリで亡命したのに続いて、70年にナタリヤ・マカロワ、74年にミハイル・バリシニコフと続いた亡命劇は、社会的ニュースとなり世界を駆け巡った。彼らは、サンクトペテルブルグの伝統に培《つちか》われた高い芸術性でアメリカをバレエの中心地に引き上げただけでなく、世界のバレエ団で古典バレエの改訂版を振付け、名作の普及に努めた。

20世紀の世界のバレエは、ロシアのサンクトペテルブルグのバレエのおかげで発展を遂げたと言っても過言ではない。

70年代以降、ベジャール、プティ、ロビンズ、マクミラン、ノイマイヤー、フォーサイスといった西側の振付家の作品がレパートリーに入ってくる。オレグ・ヴィノグラードフ芸術監督時代の89年にバランシン振付『テーマとヴァリエーション』ほかが上演されて以来、マリインスキーの生んだこの世界的振付家バランシンのバレエが祖国の舞台に返り咲くようになった。

セルゲイ・ヴィハレフによって、プティパのバレエの復元が行われたのもこの劇場ならではの業績である。初演から100年を経て復元された『眠れる森の美女』(1999年)および1900年版の『ラ・バヤデール』(2002年)復活上演は、作品のもつオリジナルな姿を偲ばせる画期的な企画と言えた。90年代は、ウリヤーナ・ロパートキナ、ディアナ・ヴィシニョーワ、スヴェトラーナ・ザハーロワという逸材を生むなど、マリインスキー出身のスターたちは世界の最高峰に位置しながら活躍している。

新作では、ラトマンスキー振付『イワンと仔馬』(2009年)や『アンナ・カレーニナ』(10年)などが成功を収めた。

2008年ユーリー・ファテーエフが舞踊監督に就任。13年にはマリインスキー第2劇場が開場し、現在二つの劇場を拠点に活動を繰り広げている。

『海賊』より「生ける花園」 ©瀬戸秀美

ミハイロフスキー劇場バレエ（旧レニングラード国立バレエ）

ミハイロフスキー劇場バレエの『海賊』より洞窟のパ・ド・トロワ。上からメドーラ（ペレン）、コンラッド（ルジマートフ）、アリ（レベジェフ）。©瀬戸秀美

創立：1883年
本拠地：ミハイロフスキー劇場
総裁：ウラジーミル・ケーフマン
芸術顧問：ファルフ・ルジマートフ

■つねに実験路線を打ち出したサンクトペテルブルグの名門

サンクトペテルブルグにおいて、マリインスキー・バレエと共にロシア・バレエ隆盛の一翼を担《にな》ってきた名門バレエ団。団員のほとんどはマリインスキー・バレエと同じくワガノワ・バレエ・アカデミーの卒業生で、統一されたアンサンブルを誇る。本拠地のミハイロフスキー劇場は、帝政ロシア時代に、皇帝ニコライ一世の弟ミハイル大公の名を冠して開設され、2008年に創立175周年を迎えた。劇場の名称は様々移り変わったが、07年以来、もとのミハイロフスキー劇場に戻っている。

専属のバレエ団が組織されたのは、革命後の１９２０年代のことで、マリインスキー劇場から着任した鬼才フョードル・ロプホーフの指導の下、ショスタコーヴィチ作曲の『明るい小川』（35年）などを上演、マリインスキーとは異なる実験的路線を打ち出し、今日に至っている。

80年代には、後継者のニコライ・ボヤルチコフによって『白鳥の湖』のオリジナル版が上演され、バランシンの作品がレパートリーに入る。95年にはニジンスカの名作『結婚』のロシア初演が行われた。

２００７年、「バナナ王」の異名を取るケーフマンを新総裁に迎えてから改革路線に拍車をかける。マリインスキー・バレエ出身のカリスマ・スター、ファルフ・ルジマートフが芸術監督に就任（09年から芸術顧問）、11年にはスペイン国立ダンス・カンパニーからナチョ・ドゥアトを芸術監督に迎え、『眠れる森の美女』新版を上演した。ドゥアトは13年ベルリン国立バレエの芸術監督となり、ミハイロフスキーではレジデンス振付家となった。プリマのイリーナ・ペレンを筆頭に舞踊手の層は厚い。

バレエ団は、ソ連時代の１９８１年に国立レニングラード・アカデミー・マールイ・オペラ・バレエ劇場の名称で初来日（「ボリショイ」の「大」に対して、「マールイ」は「小」の意味）。91年からレニングラード国立バレエの名称で毎年のように来日し、２０１５年で引越し公演は23回を数える。

国立モスクワ音楽劇場バレエ

創立：１９４１年
本拠地：国立モスクワ音楽劇場
芸術監督：イーゴリ・ゼレンスキー

■独自のレパートリーで ロシア・バレエを牽引

このバレエ団の正式名称は、スタニスラフスキー＆ネミロヴィチ＝ダンチェンコ記念国立モスクワ音楽劇場バレエ。ボリショイ・バレエのプリマ・バレリーナ、ヴィクトリーナ・クリーゲルのモスクワ芸術バレエ団（１９２８年創立）が統合されて生まれた。モスクワ芸術座を創設した二人の偉大な指導者の名を冠し、首都モスクワで、ボリショイ・バレエと異

モスクワ音楽劇場のブルメイステル版『白鳥の湖』第3幕　©瀬戸秀美

なった独自の方向性をもちユニークな地位を築いている。

このバレエ団の発展は、草創期の41年からおよそ30年間にわたって首席バレエマスターを務めたウラジーミル・ブルメイステルの功績によるところが大きい。ユゴー原作の『ノートルダム・ド・パリ』を基にした『エスメラルダ』（50年）や作品の原典を尊重した『白鳥の湖』（53年）は、演劇的な一貫性をもち、不朽《ふきゅう》の名作として60年以上にわたって上演され続けている。我が国でも73年の初来日以来、両演目はバレエ団の看板演目として親しまれ、ヴィオレッタ・ボーフト、マルガリータ・ドロズドーワ、タチヤナ・チェルノブロフキナ、ナタリヤ・レドフスカヤといった名花たちが人気を博した。

芸術監督は、ドミトリー・ブリャンツェフ（85年～2004年）や元ボリショイ・バレエのスター、セルゲイ・フィーリン（08年～11年）を経て、11年から元マリインスキー・バレエのスターで、NYCBや英国ロイヤル・バレエで活躍したイーゴリ・ゼレンスキー（06年～ノヴォシビルスク・バレエ芸術監督、16年～ミュンヘン・バレエ芸術監督を兼任）が就任。ラコット版『ラ・シルフィード』（11年）、ノイマイヤーの『人魚姫』（11年）と『タチヤーナ』（14年）、マクミランの『マノン』（14年）など新しいレパートリーを確立し、今後の活動が注目されている。

ウクライナ
キエフ・バレエ

創立：１８６７年
本拠地：シェフチェンコ記念ウクライナ国立オペラ・バレエ・アカデミー劇場

旧ソ連時代の「三大劇場」歴史的な人材の宝庫を築く

美しい自然に恵まれたウクライナの古都キエフは、歴史的に天才的な舞踊手を輩出《はいしゅつ》してきた土地である。19世紀末、伝説の舞踊手ワツラフ・ニジンスキーが生まれ、20世紀初頭は、その後を追うスター、セルジュ・リファールを生んだ。この地を本拠とするキエフ・バレエは、１８６７年のキエフ・オペラ劇場の開場を起源とし、１４０年を越す歴史をもつ。旧ソ連時代は、国策として、モスクワのボリショイ劇場、レニングラードのキーロフ劇場（現在のサンクトペテルブルグ、マリインスキー劇場）と並ぶ「三大劇場」に再編されたが、今なお往時の威光を偲ばせる。１９３９年ウクライナの詩人タラス・シェフチェンコの生誕１２５周年を記念し、その名を冠するようになり、91年のソ連邦崩壊後は、シェフチェンコ記念ウクライナ国立オペラ・バレエ・アカデミー劇場となり、現在に至る。

近年では、87年ヴィクトル・リトヴィノフが芸術監督に就任、ウクライナの女流詩人の原作を基《もと》にしたオリジナル・バレエ『森の詩』（スコルーリスキー曲、46年初演）を改訂上演した。その後は、92年からアナトーリ・シェケロ、２０００年からヴィクトル・ヤレメンコ、11～13年デニス・マトヴィエンコが率いた。

バレエ団は、１９７２年の初来日以来たびたび来日し、西欧的な洗練と明るさに満ちた舞台で親しまれてきた。70年代にはタチヤナ・タヤーキナ、ライサ・ヒリコ、リュドミラ・スモルガチョワという三人の名花を輩出。エレーナ・フィリピエワは半世紀以上にわたってトップ・プリマ・バレリーナとして君臨。このバレエ団からはほかに、振付家として大活躍のアレクセイ・ラトマンスキー、世界的スターのアリーナ・コジョカル、レオニード・サラファーノフ、デニス・マトヴィエンコら優秀な人材が巣立つ。ボリショイの女王スヴェトラーナ・ザハーロワはキエフ・バレエ学校の出身。同校の芸術監督には寺田宣弘が就任した。

英国バレエの隆盛

英国ロイヤル・バレエ

UK

創立：1931年
本拠地：ロイヤル・オペラハウス
芸術監督：ケヴィン・オヘア

マクミラン振付『ロミオとジュリエット』は英国ロイヤル・バレエの代表作。1965年の初演から2015年でちょうど50周年。写真は豪華な舞踏会の場面。 ©瀬戸秀美

■アシュトン、マクミラン 演劇バレエの伝統を確立

20世紀初頭以来、英国バレエの隆盛は目覚ましい。英国ロイヤル・バレエが創立されたのは1931年。自国のバレエ団の歴史は比較的浅いが、短期間に飛躍的な発展を遂げ、世界のバレエ先進国の仲間入りをするまでに至った。

創立者のニネット・ド・ヴァロワは、バレエ・リュスの出身で、バレエ・リュスのようなバレエ団を英国に作りたいという夢を抱く。26年に創設した私設のバレエ学校が母体となり、31年サドラーズ・ウェルズ劇場でヴィック・ウェルズ・バレエが誕生。これが現在のロイヤル・バレエの起源である。バレエ団は、41年サドラーズ・ウェルズ・バレエと改称、戦後の46年コヴェント・ガーデンのロイヤル・オペラハウスを本拠とし、創立25周年に当たる56年にロイヤル・バレエとなり、今日に至る。「ロイヤル」の称号を冠してはいるものの、王室からの援助は受けず、運営はアーツカウンシル・イングランドの助成や寄付などによっている。

ロイヤル・バレエの発展は、ド・ヴァロワをはじめ関係者が一丸《いちがん》となって努力を積み重ねた成果である。バレエ・リュスが毎年のように来訪し、アンナ・パヴロワがロンドンに居《きょ》を構えるなど、バレエ熱が高まっていた背景も追い風となった。創立まもなく、西

欧諸国に先駆けチャイコフスキーの三大バレエを上演するなど古典をレパートリーの核に据えながら、フレデリック・アシュトンやケネス・マクミランなど自国の振付家を養成、英国バレエの伝統を着々と築き上げていく。

39年に上演された『眠り姫（眠れる森の美女）』は記念碑的成功を収め、オーロラ姫を踊ったフォンテーンは英国を代表するプリマ・バレリーナとして名声をほしいままにする。引退を間近に控えたフォンテーンの前に、61年に旧ソ連から亡命した天才舞踊手ルドルフ・ヌレエフが現れ、「世紀のパートナーシップ」が誕生した。これにアントワネット・シブレーとアンソニー・ダウエルという輝かしいペアが続き、黄金時代の伝統が継承されていく。

振付作品では、英国独自の作品を輩出し、アシュトンの、叙情的でユーモア溢《あふ》れる『シンデレラ』（48年）や『ラ・フィーユ・マル・ガルデ（リーズの結婚）』（60年）はじめ、マクミランの演劇を見るようにドラマティックな『ロミオとジュリエット』（65年）、『マノン』（74年）、『うたかたの恋』（78年）などで英国スタイルを確立した。

さらにこの系譜に連なるのが、シュツットガルト・バレエを復興したジョン・クランコ、バーミンガム・ロイヤル・バレエに活況を招いたピーター・ライトとデヴィッド・ビントレーなどである。

2012年ケヴィン・オヘアが芸術監督に就任、振付家のクリストファー・ウィールドンとリアム・スカーレットが専属スタッフに迎えられ、ウィールドンの『不思議の国のアリス』（2011年）や『冬物語』（14年）などが新たな歴史を刻みつけている。

『ロミオとジュリエット』よりバルコニーのパ・ド・ドゥ（ジュリエット：マリアネラ・ヌニェス、ロミオ：ティアゴ・ソアレス）©瀬戸秀美

伝説の名舞踊手ダウエルが芸術監督に就任した時代（86年〜2001年）には、89年パリ・オペラ座のシルヴィ・ギエムが移籍し、93年熊川哲也が日本人として初めてプリンシパルとなったのに続いて、95年吉田都がプリンシパルとなった。2013年、元ボリショイ・バレエのスター、ナタリヤ・オシポワが、14年、イングリッシュ・ナショナル・バレエのワディム・ムンタギロフがプリンシパルに加わり、ロイヤル・バレエは国際色豊かな特色を打ち出している。

英国バーミンガム・ロイヤル・バレエ

創立：1990年　本拠地：バーミンガム・ヒッポドローム劇場　芸術監督：デヴィッド・ビントレー

■英国バレエ発展の一翼担う

英国ロイヤル・バレエと姉妹カンパニーの関係にあり、若手振付家に創作のチャンスを与え、ツアーを通してバレエを普及させるなど、ロイヤル・バレエと一線を画《かく》しながら独自の路線で英国バレエの発展の一翼を担ってきた。その歴史は紆余曲折《うよきょくせつ》を経て複雑だが、1946年ド・ヴァロワ率いるサドラーズ・ウェルズ・バレエがロイヤル・オペラハウスの専属になった時に、新たにサドラーズ・ウェルズ劇場バレエが結成され、これが現在のバレエ団の前身となった。その後、56年ロイヤル・バレエ・ツアー・カンパニー、77年サドラーズ・ウェルズ・ロイヤル・バレエと名称を変え、90年にバーミンガムを新たな本拠地として以来、現在の名称で活動している。

若き日のクランコやマクミランがキャリアの一歩を踏み出し、77年から芸術監督を務めた巨匠ピーター・ライトが『コッペリア』や『ジゼル』『白鳥の湖』など古典の全幕ものでレパートリーの充実を図った。95年にビントレーが着任、『カルミナ・ブラーナ』（95年）や『美女と野獣』（2003年）、『シンデレラ』（10年）など数々の意欲作を生み出し、アシュトンやマクミランの後継者としての地位を固めている。ビントレーは10〜14年新国立劇場の舞踊芸術監督として、『アラジン』（08年）や『パゴダの王子』（11年）などのオリジナル・バレエを発表、日英の文化交流の推進にも尽力した。

吉田都が1984年〜95年在籍し（88年にプリンシパル）、現在は佐久間奈緒と平田桃子がプリンシパルとして活躍している。

イングリッシュ・ナショナル・バレエ

創立：1950年　本拠地：ロンドン・コロシアム
芸術監督：タマラ・ロホ

■大衆路線で活気

このバレエ団の起源は、バレエ・リュス出身のアリシア・マルコワとアントン・ドーリンが中心になって結成したバレエ団に遡る。二人は、英国ロイヤル・バレエの草創期のヴィック・ウェルズ・バレエにスターとして迎えられたが、まもなく退団、1935年に自分たちのバレエ団を結成、これが母体となって、50年にフェスティバル・バレエが誕生した。89年から現在の名称に改称され活動している。

芸術監督は初代のドーリンから、ペーター・シャウフス（84〜90年）、デレク・ディーン（93〜2001年）、ウェイン・イーグリング（01〜06年）

など多士済々《たしせいせい》。大衆路線が特徴で、ロイヤル・アルバートホールにおけるディーン版『白鳥の湖』（97年）などが代表作として知られている。

ビントレー振付『シンデレラ』よりシンデレラ（エリシャ・ウィリス）と王子（イアン・マッケイ）
©瀬戸秀美

2012年、スペイン出身で英国ロイヤル・バレエのプリンシパルとして活躍したタマラ・ロホが芸術監督に就任。翌13年ロンドン郊外で初演した『海賊』が大ヒットした。これはアンナ＝マリー・ホームズがリニューアル演出したもので、メドーラにロイヤル・バレエから移籍したばかりのアリーナ・コジョカル、コンラッドにワディム・ムンタギロフ（14年ロイヤル・バレエに移籍）というキャストで映像収録もされた。

スコティッシュ・バレエ（スコットランド）

創立：1969年　本拠地：グラスゴー、トラムウェイ劇場　芸術監督：クリストファー・ハンプソン

■鬼才ダレルが創立したバレエ団

英国ロイヤル・バレエの前身であるサドラーズ・ウェルズ・バレエ出身のピーター・ダレル（1929～87）が創立したバレエ団。57年ブリストルで発足したバレエ団を母体に、69年グラスゴーでスコティッシュ・シアター・バレエが誕生、74年スコティッシュ・バレエと改称された。ダレルは、英国のクランコ、マクミランと同世代の振付家で、実験的作風で知られ、『ホフマン物語』（72年）や『くるみ割り人形』（73年）、『白鳥の湖』（77年）、『シェリ』（80年）など数々の名作を生んだ。大原永子（2014年～新国立劇場舞踊芸術監督）がプリンシパルとして75～96年在籍。下村由理恵が92～99年ゲスト・プリンシパルなどで活躍した。

近年、芸術監督は91年ガリーナ・サムソワ、99年ロバート・ノース、2002年アシュレイ・ページが引き継ぎ、12年からクリストファー・ハンプソンが就任、現在に至っている。

アメリカン・バレエ・シアター（ＡＢＴ）

創立：１９４０年
本拠地：メトロポリタン歌劇場
芸術監督：ケヴィン・マッケンジー

USA

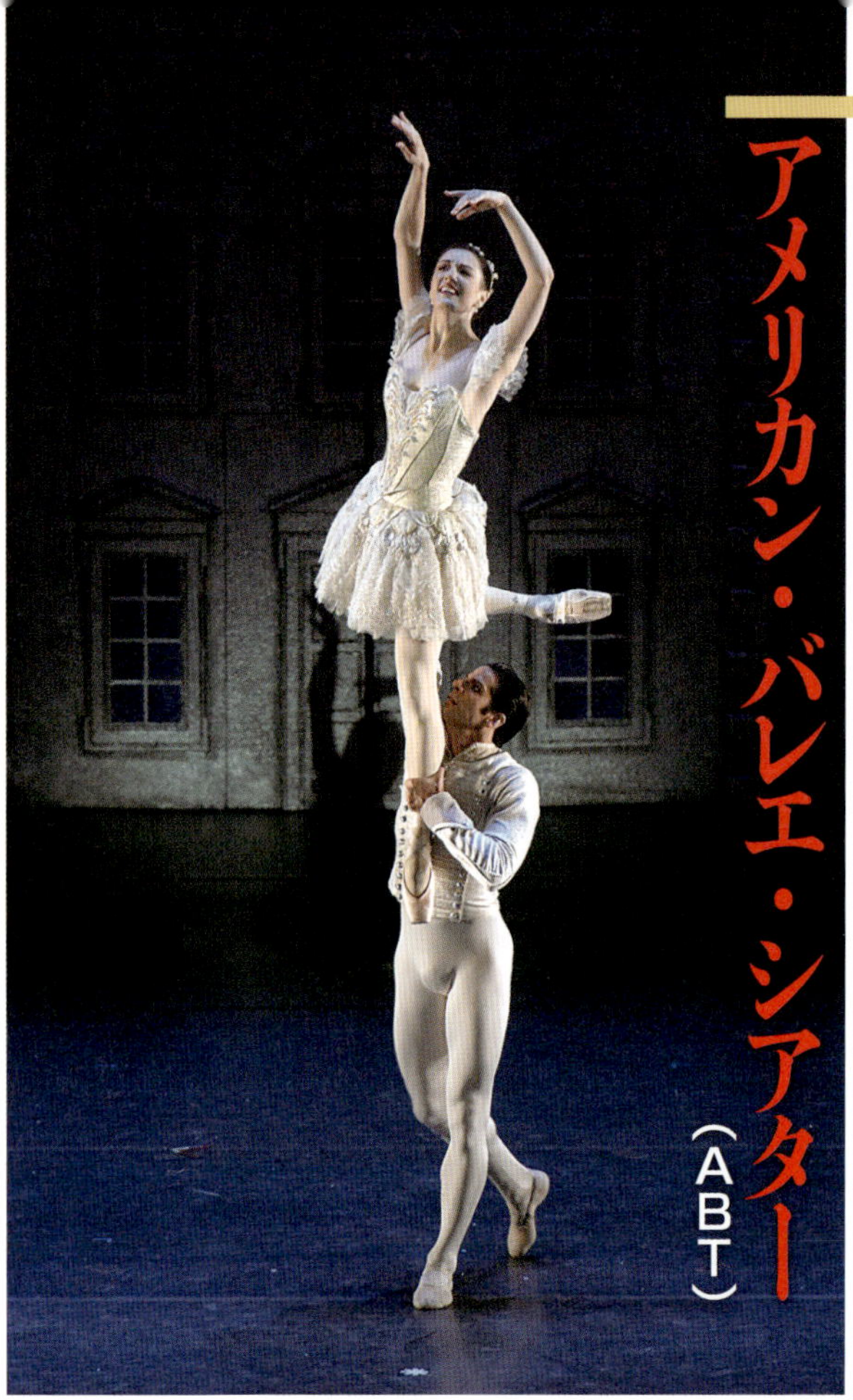

『くるみ割り人形』よりパ・ド・ドゥを踊るヴェロニカ・パールトとマルセロ・ゴメス　©瀬戸秀美

■スター・システムでバレエ王国への道

ＡＢＴは２０１５年で創立75周年。同じくニューヨークを本拠とするＮＹＣＢがバランシンとロビンズの作品をレパートリーの中心に据えているのに対し、ＡＢＴは創立当初から多彩なレパートリーとスター・システムで、アメリカをバレエ王国へと引き上げた。

第二次世界大戦前夜、モルドキン・バレエ団出身の大富豪の令嬢ルシア・チェイスの出資によって発足。モルドキンはバレエ・リュスで踊り、パヴロワの相手役を務めたスターである。１９４０年１月の旗揚げ公演では、フォーキン、チューダー、ニジンスカ、デ・ミルなど11人の振付家による幅広い作品が上演され、「バレエの生き

バレエ・シアター公演プログラム表紙
（左：1943年10月31日、右：48年5月2日）　著書提供

ラトマンスキー振付『くるみ割り人形』の華やかな舞台　©瀬戸秀美

た博物館」を目指す方向性が打ち出された。創立当初はバレエ・シアターの名称であったが、57年アメリカン・バレエ・シアターと改称された。

長い歴史の中で、チューダーの『火の柱』（42年）、『葉は色あせて』（75年）、ロビンズの『ファンシー・フリー』（44年）、バランシンの『テーマとヴァリエーション』（47年）、サープの『プッシュ・カムズ・トゥ・ショヴ』（76年）、『シナトラ組曲』（82年）、リン・テイラー＝コルベットの『ガチョーク讃歌』（82年）など特色あるレパートリーが多数生まれた。古典では、マカロワ版『ラ・バヤデール』（80年）や、マッケンジー版『ドン・キホーテ』（95年）、ホームズ版『海賊』（98年）などが代表作。

80〜89年ミハイル・バリシニコフが芸術監督に就任、92年からは元プリンシパルのケヴィン・マッケンジーが芸術監督を務めている。

歴代スターには、旧ソ連から亡命したヌレエフ、マカロワ、バリシニコフのほか、近年では、ニーナ・アナニアシヴィリ、アレッサンドラ・フェリ、ディアナ・ヴィシニョーワ、ナタリヤ・オシポワ、デヴィッド・ホールバーグなど世界一級の顔ぶれが名を連ねる。ABT生え抜きのジュリー・ケントやパロマ・ヘレーラなどが一時代を築き、加治屋百合子がソリスト（2007〜14年）として活躍した。

09年からロシア出身のアレクセイ・ラトマンスキーがアーティスト・イン・レジデンスとして契約。『くるみ割り人形』（10年）やバレエ・リュスの制作を基に演出した『眠れる森の美女』新版（15年）を上演し話題となった。

06年、アメリカの連邦議会制定法により「アメリカのナショナル・バレエ・カンパニー」®と認定された。ABTは創立当初の理念を貫きながら、常に前進し続けている。

ニューヨーク・シティ・バレエ（NYCB）

創立：1948年　本拠地：NYリンカーン・センター、デヴィッド・H・コック劇場
芸術監督：ピーター・マーティンス

■プロットレス・バレエ生む バランシン・バレエの本家

NYCBは20世紀バレエの近代化を促したジョージ・バランシンが活動の拠点としたバレエ団である。バレエ団自体の発足は、ABTより数年遅れるが、前身であるスクール・オブ・アメリカン・バレエ（SAB）の歴史は1934年に遡り、アメリカをバレエ王国に導いた一大勢力となった。

　バレエ団の沿革を振り返ると、モダンダンス主流のアメリカにバランシンが渡ったのは33年のことだった。彼は、ディアギレフに才能を見出《みいだ》され、バレエ・リュスで振付家として認められるが、ディアギレフの急死によって人生は急転換。富裕な実業家のリンカーン・カースティンとの出会いが新たな道を切り開き、それは、世界のバレエの行く末をも決定づけることになる。

　バランシンとカースティンは「第一に学校を」との理念の下にSABを開校。当初から「アメリカの芸術家による、アメリカのバレエ」を確立することを目標に掲げた。35年第1作の『セレナーデ』を初演。バランシンの原点と言われる最高傑作の一つだが、バレエがほとんど不毛だったアメリカでは、バレエが根づくためにはもう少し時間を要した。

　紆余曲折を経てNYCBが誕生したのは48年。以来、ニューヨーク・シティ・センターを本拠に活動を軌道に乗せていく（64年からリンカーン・センターを本拠に活動）。バランシンのスピーディーで音楽を視覚化した「プロットレス・バレエ」は、アメリカの観客の支持を得て、不動の評価を獲得するに至った。

　83年バランシン亡き後は、芸術監督の座をピーター・マーティンスとジェローム・ロビンズが継承、90年以降はマーティンスが芸術監督を務め、92年から〈ダイヤモンド・プロジェクト〉を立ち上げ、若手振付家の育成にも寄与している。

　レパートリーの大半はバランシン作品が占《し》め、次いでロビンズ作品が

初来日公演プログラム表紙（58年）著者提供

バランシンのアメリカでの振付第1作『セレナーデ』 ©瀬戸秀美

多いが、マーティンスや現代振付家たちの作品をレパートリーに入れることも怠《おこた》らない。バランシンの『くるみ割り人形』（54年）は初演以来クリスマスの風物詩として人気を呼んでいる全幕バレエである。

　バランシンに認められ、アジア人として初めてプリンシパルとなった堀内元は、99年からセントルイス・バレエの芸術監督。英国ロイヤル・バレエからNYCBに移籍し、常任振付家（2001〜08年）を務めたクリストファー・ウィールドンは世界中で活躍。元プリンシパルのバンジャマン・ミルピエは、14年よりパリ・オペラ座の舞踊監督に就任、オペラ座に新時代を開きつつある。

NYシティ・センター公演プログラム表紙（左：創立1年目の1948年11月22、23日、右：創立10周年記念シリーズ 58年12月16日） 著者提供

ヨーロッパ諸国のバレエ

ミラノ・スカラ座バレエ

創立：1778年　本拠地：ミラノ・スカラ座
芸術監督：マハール・ワジーエフ

■スターから指導者まで豊富な人材を輩出する

バレエ発祥の地イタリアは、ルネサンス時代の宮廷舞踊の歴史に始まり、16世紀にフィレンツェのメディチ家のカトリーヌ・ド・メディシスがフランス王家に嫁《とつ》いで、フランスにバレエを移入して以来、世界のバレエの発展に大きく貢献してきた。

イタリアを代表するミラノ・スカラ座は1778年の開場。1813年にはスカラ座バレエ学校も創設され、スカラ座は歴史的に重要な人材を輩出していく。中でも、エンリコ・チェケッティ（1850〜1928）は、「チェケッティ・メソード」の創始者として、バレエ史上最も偉大な指導者の一人に数えられる。帝室マリインスキー劇場やバレエ・リュスに参加し、パヴロワなど多くの舞踊家がその薫陶《くんとう》を受けた。

パリ・オペラ座で『ジゼル』を初演したカルロッタ・グリジ、『海賊』を初演したカロリーナ・ロザティ、サンクトペテルブルグで『白鳥の湖』（1895年）を踊ったピエリナ・レニャーニ、『眠れる森の美女』を踊ったカルロッタ・ブリアンツァなど多くの名花がバレエ史に登場。カルロッタ・ザンベッリは、20世紀のパリ・オペラ座バレエの発展に尽力した。

戦後は、カルラ・フラッチを筆頭に、アレッサンドラ・フェリ、ロベルト・ボッレといった国際的スターを生む。オリジナル作品としては、ヨーロッパ文明を讃美したマンゾッティの『エクセルシオール』（1881年／1967年）が名高く、『ロミオとジュリエット』は、クランコ、マクミラン、ヌレエフの三つの版をレパートリーにもつ。

2009年マリインスキー・バレエ出身のマハール・ワジーエフが芸術監督に就任。11年にプティパ版『ライモンダ』をヴィハレフの監修により復活上演し、豪華絢爛な舞台美術とスカラ座管弦楽団の名演奏と一体になった舞台は壮麗《そうれい》で、スカラ座の本領が発揮された。

デンマーク・ロイヤル・バレエ

創立：1748年　本拠地：デンマーク王立劇場
芸術監督：ニコライ・ヒュッベ

■現代に継承されてきたブルノンヴィルの遺産

デンマーク・ロイヤル・バレエの歴史は、1748年に王立劇場が開

ブルノンヴィルの名作『ナポリ』 ©瀬戸秀美

場した時に遡る。草創期には、イタリア人やフランス人の舞踊家たちが基礎作りに貢献し、中でもフィレンツェ出身のヴィンチェンツォ・ガレオッティ（1733〜1816）が重要な足跡《そくせき》を残した。彼が振付けた『キューピッドとバレエ・マスターの気まぐれ』（1786年）は、18世紀のスタイルを止《とど》めて貴重である。

デンマーク・バレエが隆盛となるのは、19世紀、オーギュスト・ブルノンヴィル（1805〜79）の時代である。ブルノンヴィルは、文豪アンデルセンと同じ年に生まれ、1820年代のパリ・オペラ座バレエ学校に留学し、フランス・バレエの様式を吸収、帰国後祖国のバレエの発展に尽力した最大の功労者。生涯に50本ものバレエを振付け、柔軟で細やかなステップをちりばめたブルノンヴィル・スタイルを確立した。中でも『ラ・シルフィード』（36年）、『ナポリ』（42年）、『コンセルヴァトワール』（49年）、『ジェンツァーノの花祭り』（57年）などは長く踊り継がれてきた貴重な遺産である。

その伝統を継承する目的で、1979年に第1回「ブルノンヴィル・フェスティバル」が始まり、2005年にはブルノンヴィルの生誕200年を記念して第3回が開催された。

ブルノンヴィル以来、優れた男性舞踊手を輩出し、スタンレー・ウィリアムズ、エリック・ブルーン、ピーター・マーティンス、ペーター・シャウフス、フランク・アナセン、ヨハン・コボー等々が世界的に知られる。

レッスン風景を発展させたハラルド・ランダー振付『エチュード』（1948年）、ノイマイヤー振付『人魚姫』（2005年）などを初演。2009年にはニコライ・ヒュッベ（2008年〜芸術監督）が中心となり、伝統の名作『ナポリ』を1950年代の時代設定で大胆に改訂。バレエの博物館に止まらない前進の構えを見せている。

ドイツ・オーストリア

ドイツは、歴史的に各都市に劇場が造られ芸術を育くむ土壌があった。そこから多くの人材が輩出され、振付家の個性が反映されたバレエ団が数々生まれた。

その最たるものが、ドイツ南西部の中心都市を拠点に活動する**シュツットガルト・バレエ**である。17世紀から宮廷バレエの歴史があるが、現在のような世界的水準に至ったのは、1961年からジョン・クランコが芸術監督を務めた10数年間のことで、「ロミオとジュリエット」「じゃじゃ馬ならし」「オネーギン」といった物語バレエの傑作を数々生み出し、「シュツットガルトの奇跡」を達成した。

クランコ亡き後は、クランコのミューズであったマリシア・ハイデらがバレエ団を率い、96年からリード・アンダーソンが芸術監督を務め、2018年からタマシュ・ディートリッヒが後任となる予定である。

ジョン・ノイマイヤー、イリ・キリアン、ウィリアム・フォーサイス、ウヴェ・ショルツ、レナート・ツァネラ、デミス・ヴォルピら名振付家を輩出しているのも奇跡に近い。

シュツットガルト・バレエの系譜に連なるノイマイヤーは、73年以来40年以上にわたり**ハンブルク・バレエ**を率いて、150以上に上る作品を振付けたほか、人材の育成に関わり、世界バレエ界のリーダーと言うにふさわしい。彼の下からは、ジャン＝クリストフ・マイヨー、イリ・ブベニチェク、大石裕香といった後継者たちが振付家として活躍している。

ベルリンでは、2004年1月に、旧東のベルリン国立歌劇場とコーミッシェ・オパー、旧西のベルリン・ドイツ・オペラの3つの歌劇場に属するバレエ団を統合して**ベルリン国立バレエ**が誕生した。

世界的スターのウラジーミル・マラーホフが芸術監督を務めて水準を引き上げ中村祥子がプリンシパルとして活躍した。14年スペイン人のナチョ・ドゥアトが後任に就任、新たな時代が始まったところである。

ウィーン国立バレエは、2010年、パリ・オペラ座エトワールとして一世を風靡したマニュエル・ルグリを芸術監督に迎えて以来進境著しく、世界から注目を集めている。現在のバレエ団は、同年に国立歌劇場とフォルクス・オパーのバレエ団が統合されて生まれ変わったもの。ウィーン・フィルのニュー・イヤー・コンサートのバレエ・シーンのテレビ中継でもおなじみである。プリンシパルにはロシア出身の優秀な人材が多く、ソリストとして橋本清香と木本全優が活躍している。

※クランコとノイマイヤーについては第5章を参照のこと。

第Ⅱ章

珠玉の古典バレエ名作選

1 チャイコフスキー 三大バレエ

マリウス・プティパ ©兵庫県立芸術文化センター薄井憲二バレエ・コレクション

■古典バレエの金字塔

バレエと言えばチャイコフスキー（1840～93）の「三大バレエ」。『白鳥の湖』『眠れる森の美女』『くるみ割り人形』は、19世紀末の初演から1世紀以上の時を経た今日に至るまで、古典バレエの金字塔《きんじとう》として私たちを魅了してやまない。折しも2015年はチャイコフスキー生誕175周年に当たる。

チャイコフスキーは生涯に3曲しかバレエ音楽を作曲していないが、いずれもマリウス・プティパ（1818～1910）とレフ・イワーノフ（1834～1901）の振付によって、バレエ史上の最高傑作となり、ロシア・バレエの黄金時代が到来する。

バレエ第1作の『白鳥の湖』をモスクワのボリショイ劇場から依頼されたのは1875年。当時、チャイコフスキーは、オペラや交響曲、管弦楽曲など幅広い分野の作曲で名を成していたが、もともとバレエに興味があり、すぐに作曲に着手し翌年春には書き上げている。

1877年の初演の評判は芳《かんば》しくなく、失敗というのが通説となっている。チャイコフスキーの音楽は、有名な「白鳥のテーマ」をはじめ、主人公たちの心情を劇的に表現した交響楽的手法が斬新で、従来のバレエ音楽とは一線を画していた。当時はまだその新しさが理解されず、振付にも生かされなかったのである。近年の研究によれば、初演から6年間に40回は上演されていたので、完全な失敗とは言い切れないようだ。

『白鳥の湖』が95年にプティパとイワーノフの振付によって復活上演され脚光を浴びたのは、作曲家の死後のことであった。

第2作の『眠れる森の美女』は、『白鳥の湖』初演から13年後の90年に初演され、大きな反響を得る。この大成功を受けて第3作の『くるみ割り人形』が92年に初演された。前者は、ペローの童話を原作とし、太陽王ルイ14世の時代のフランス宮廷をモデルにした絢爛豪華な大作。後者は、ホフマンの原作で、アレクサンドル・デュマ翻案の『くるみ割り人形の物語』を基に、クリスマスの少女の夢を主題とした幻想的なバレエである。

チャイコフスキーがバレエ音楽に描いたのはいずれも夢と現実の世界の対比で、「三大バレエ」は三者三様の様式美が魅力となっている。

■プティパとイワーノフの功績

プティパは、マルセイユに生まれ、1847年にサンクトペテルブルグの帝室劇場と契約して以来、60年以上ロシアに滞在。69年首席メートル・ド・バレエに就任、「三大バレエ」のほか、『ラ・バヤデール』『ライモンダ』など70以上の作品を振付けた。フランスで失われた『ジゼル』や『パキータ』『海賊』などのロマンティック・バレエを復興させた点にも功績があり、作品にはフランス・バレエとロシア・バレエそれぞれの粋《すい》が結集されている。プティパの時代は、技術が飛躍的に向上し、高度な技巧を披露するために主役の男女カップルによるグラン・パ・ド・ドゥの形式が作られた。

一方、イワーノフは、『ラ・バヤデール』のソロルの初演者で、プティパの片腕として活躍。とりわけ『白鳥の湖』の湖畔の場面の振付は、音楽性豊かな才能が最大限に発揮されたと言われ、現在に至るまで継承されている。

マリインスキー・バレエのヴィハレフ版『眠れる森の美女』よりリラの精とデジレ王子 ©瀬戸秀美

チャイコフスキー 三大バレエ

白鳥の湖

●モスクワ初演版
振付:ユリウス・ウェンツェル・レイジンゲル(ライジンガー)
台本:ウラジーミル・ベギチェフ、ワシリー・ゲリツェル
構成:全4幕
初演:1877年3月4日モスクワ、ボリショイ劇場
オデット/オディール:ペラゲイア・カルパコーワ、王子:ヴィクトル・ギレルト

●プティパ/イワーノフ版
振付:マリウス・プティパ、レフ・イワーノフ
台本:モデスト・チャイコフスキー
構成:全3幕4場
初演:1895年1月27日サンクトペテルブルグ、マリインスキー劇場
主演:オデット/オディール:ピエリナ・レニャーニ、王子:パーヴェル・ゲルト

【物語】

第1幕・ドイツの城の庭園。ジークフリート王子の成人の祝宴が開かれている。王子は母である王妃から明日の舞踏会で花嫁を選ぶよう命じられるが、気が乗らない。青春に名残りを惜しみ、夕刻の湖へ狩りに出かける。

第2幕・森の中の湖畔。白鳥たちは、悪魔ロートバルトに呪いをかけられ、昼は白鳥の姿に変えられ、夜だけ人間の姿に戻ることができる。王子は、ひときわ美しい王女オデットに惹《ひ》かれ、永遠の愛を誓う。

第3幕・城の広間。王子は舞踏会にやってきた悪魔の娘オディールをオデットと見誤り、花嫁に選んでしまう。自分の過ちに気づいた王子は絶望して湖へ向かう。

第4幕・森の中の湖畔。悲しみに沈むオデットのもとに王子が駆けつけるが、悪魔が妨害する。オデットは湖に身を投げ、王子もそれに続く(結末には様々な解釈があり、初演時のように、二人とも湖に身を投げる悲劇的結末と、悪魔が滅び、二人が結ばれるハッピー・エンドなどがある)。

■不評に終わったモスクワ初演

『白鳥の湖』は、悪魔に呪いをかけられ白鳥の姿に変えられた王女が、王子の永遠の愛によって人間の姿に戻るという物語である。このような白鳥伝説は、世界各地に伝わり、ドイツのムーゼウスの白鳥伝説やワグナーの『ローエングリン』などの影響を受けて台本が書かれたようである。

この作品は、モスクワのボリショイ劇場が威信をかけて臨んだ上演だったが、先に述べたように初演は失敗というのが通説であった。ただ実際には賛否両論で、レパートリーから早く消えたのは劇場側の予算削減といった事情が関係しているとも言われている。

初演で主役のオデット=オディールを踊ったのはカルパコーワで、4回目の公演からソベシチャンスカヤが登場。

プティパの『ドン・キホーテ』初演の舞台で主役を踊り分けた二人である。

ソベシチャンスカヤについてのエピソードだが、彼女は自分の公演のために、第3幕にパ・ド・ドゥを入れようと、ミンクスに特別に作曲を依頼した。それを聞きつけたチャイコフスキーは動転し自ら音楽を書いたという。その後、この曲は長年日の目を見なかったが、20世紀半ばに発見され、モスクワ音楽劇場のブルメイステル版（53年）の「黒鳥のパ・ド・ドゥ」の一部に加えられたほか、バランシンの『チャイコフスキー・パ・ド・ドゥ』（60年）に活用されている。

■モスクワ初演から18年 復活上演が成功収める

1881年に帝室劇場の支配人にイワン・フセヴォロジスキーが就任して以来、サンクトペテルブルグでは劇場改革が進められ、チャイコフスキーの最初のバレエ『白鳥の湖』再演の企画が持ち上がった。不運にも93年に作曲家は急死するが、その翌年の94年2月に行われた追悼演奏会で第2幕（振付はイワーノフ）が上演されたのを機に、全幕上演への気運が高まる。

モスクワ初演からおよそ18年。『白鳥の湖』は、95年1月サンクトペテルブルグで復活上演を果たす。ここには、台本から音楽に至るまで様々手が加えられた。まずチャイコフスキーの弟モデストが台本を見直し、初演の全4幕を全3幕4場に変更（ここでは4幕版の場面設定で解説）。オデットと王子が湖に身を投げた後に、二人が永遠の世界で結ばれるアポテオーズが加えられた。

1895年プティパ版でオデット／オディールを演じたピエリナ・レニャーニ（写真は1896年のプティパのバレエ『真珠』より）©兵庫県立芸術文化センター薄井憲二バレエ・コレクション

音楽的には、リッカルド・ドリゴにより削除や曲順の入れ替えが行われた。最も大きな変更は、第1幕にあったパ・ド・ドゥを第3幕に移し、「黒鳥のパ・ド・ドゥ」としたことで、オディールのヴァリエーションにはチャイコフスキーのピアノ曲を転用している。

音楽の改訂により、チャイコフスキーが意図《いと》した全体の音楽の調性は損なわれたものの、バレエ作品としては起伏に富んだ構成に生まれ変わった。

第1幕と3幕をプティパ、第2幕と4幕をイワーノフが振付けた。とりわけ湖畔の白鳥の踊りを振付けたイワーノフの手腕は高く評価され、『白鳥の湖』最大の名場面を生んだ。

主役の見せ場は、湖畔の場面でのオデットと王子の出会いのアダージォと、舞踏会の場面での「黒鳥のパ・ド・ドゥ」などである。後者では、主役を演じたミラノ・スカラ出身のピエリナ・レニャーニが32回のグラン・フェッテという大技を見せたのが評判となり、後世にまで語り種となった。

準主役による第1幕のパ・ド・トロワはじめ、群舞のワルツ、乾杯の踊り、各国のキャラクター・ダンスなどに振付家の手腕が発揮され、この版は現在に至るまで世界各地で上演される『白鳥の湖』の規範《きはん》となっている。

それにしてもチャイコフスキーの音楽は、なんと情景描写が豊かで叙情的なのだろうか。序曲からも、湖のさざ波、白鳥の悲しい運命、悪魔が忍び寄る気配《けはい》などが伝わり、要所要所でトーンを変えながら登場する「白鳥のテーマ」は、オデットの心の叫びを反映するように切々と響き渡る。後に多くの改訂版や現代的な読み直しが誕生したように、この作品は、永遠に振付家たちの想像力を刺激し続けるのである。

■様々な改訂版

『白鳥の湖』は、復活上演の後、内外で様々な改訂上演が試みられてきた。

ロシアで最も息の長い演出は、マリインスキー劇場のセルゲーエフ版（50年）で、既に65年の上演史を刻む。98年～2006年には新国立劇場のレパートリーにも入っていた。プティパとイワーノフの原振付を尊重しながら、マイムの部分を舞踊に変えているのが特徴で、この傾向はボリショイ・バレエのグロゴローヴィチ版（69／2001年）においてさらに推進された。

一方、チャイコフスキーの音楽の原点に立ち返り画期的と言われたのがブルメイステル版（1953年）である。この演出の特徴は、まずプロローグで王女オデットが悪魔によって白鳥に姿を変えられ、エピローグでオデットが人間の姿に戻るという、ドラマの一貫性をもたせたこと。次いで、第3幕の舞踏会に訪れる各国の人々を悪魔の家来とした点である。

第1幕乾杯の踊りの場面（1900年頃、モスクワ、ボリショイ劇場）
©兵庫県立芸術文化センター薄井憲二バレエ・コレクション

西欧諸国に先駆け、34年最も早く全幕上演を果たしたのは、英国ロイヤルバレエで、以来、演劇的な充実を図った改訂版が上演されている。

マリインスキー・バレエの『白鳥の湖』湖畔の名場面　©瀬戸秀美

　ロシアでは、善が悪を滅ぼすハッピー・エンドで終わる演出が多かったが、西側では、悲劇的結末をとる演出が相次いで生まれた。

　シュツットガルト・バレエのクランコ版（63年）は、王子が波に呑まれる悲劇で終わり、この影響は、ヌレエフ版（64年）にも受け継がれている。ヌレエフは、以後何回か改訂を重ね、84年にパリ・オペラ座で発表した新版では、王子を主役としてその深層心理に迫った演出が高く評価された。男性主役の傾向は衰えず、ハンブルク・バレエのノイマイヤー版（76年）は、「狂王」の異名をとったバイエルン国王ルートヴィヒ2世を主役に現代的読み直しを図り、アドベンチャーズ・イン・モーション・ピクチャーズ（ニュー・アドベンチャー）のボーン版（95年）は、英王室を舞台に男性のみによる白鳥の群舞でセンセーションを巻き起こした。

初演のように、二人が湖に沈む悲劇で終わる演出もあれば、復活上演されて以来、二人が永遠の世界で結ばれたり、悪魔を討ち果たすハッピー・エンドの演出が生まれるなど、多様な解釈を可能にするところがこの作品の大きな魅力であろう。

　バレリーナにとってこの作品は、白鳥と黒鳥という白と黒、善と悪のコントラストの明瞭《めいりょう》な役柄をどう踊り分けるか、演技的にも技巧的にも試金石《しきんせき》となっている。

　これまでオデット＝オディールを演じてきた名花には、ロシアではマリーナ・セミョーノワ、ガリーナ・ウラーノワ、マイヤ・プリセツカヤ、ナタリヤ・マカロワ、ニーナ・アナニアシヴィリ、ウリヤーナ・ロパートキナ、スヴェトラーナ・ザハーロワ、英国ではマーゴ・フォンテーン、フランスではエリザベット・プラテル、シルヴィ・ギエム、アニエス・ルテステュ等々枚挙にいとまがない。

チャイコフスキー 三大バレエ

眠れる森の美女

振付：マリウス・プティパ
原作：シャルル・ペロー
台本：イワン・フセヴォロジスキー、マリウス・プティパ
構成：プロローグ付き全3幕
初演：1890年1月15日サンクトペテルブルグ、マリインスキー劇場
　　　オーロラ姫：カルロッタ・ブリアンツァ、王子：パーヴェル・ゲルト

【物語】

プロローグ：フロレスタン王の宮廷。オーロラ姫の誕生を祝う洗礼式に、善の精リラをはじめ妖精たちが訪れ、姫に贈り物を授《さず》ける。式に招かれなかったカラボスは怒り、姫が成長した暁《あかつき》に、糸紡《つむ》ぎの針に指を指されて死ぬだろうと恐ろしい予言を残して消える。

第１幕：オーロラ姫の16歳の誕生日。すくすくと成長した姫は、４人の求婚者たちと踊る。そこへカラボスが現れ、姫に花束を手渡すと、姫は中に隠されていた針で指を指し倒れたまま１００年の眠りにつく。

第２幕：１００年後の城に近い森。狩りにやってきた王子は、リラの精に導かれオーロラ姫の幻影を見て、その美しさに魅了される。王子が城に到着し、眠っている姫に口づけすると、姫は１００年の眠りから目を覚ます。

第３幕：オーロラ姫とデジレ王子の結婚式：ペローの童話の主人公たちが登場し、皆に祝福され二人は結ばれる。

■帝室バレエの栄華を象徴 豪華絢爛な踊りの万華鏡

チャイコフスキーの2作目のバレエ『眠れる森の美女』は、帝室劇場の支配人フセヴォロジスキーから依頼を受けて作曲されたもので、チャイコフスキーとプティパの協力で生まれた最初のバレエである。パリでロシア領事を務めていた経験のある支配人は、フランス贔屓《びいき》で、太陽王ルイ14世時代の栄光をロシアに移し替えようと試みた。自ら衣裳のデザインを手がけるなどこの制作にかけた熱意のほどが伺《うかが》えよう。

ロシアで活動して40年以上、数々の大作を生み出してきたプティパにとってもチャイコフスキーとの仕事は特別なものであった。この作品では、最初から振付家と作曲家が一緒に作品を作り上げていったため、『白鳥の湖』のように後に原曲の構成が大幅に変更されるようなことはなかった。

初演は１８９０年１月マリインスキー劇場で行われる。主役のオーロラ

マリインスキー・バレエのヴィハレフ版『眠れる森の美女』
プロローグ　©瀬戸秀美

姫を踊ったのは、ミラノ・スカラ座出身、22歳の若さ溢れるカルロッタ・ブリアンツァ。デジレ王子は、パーヴェル・ゲルト。ゲルトは、『眠れる森の美女』から『くるみ割り人形』『白鳥の湖』（復活上演）までプティパの手がけた三つの大作全ての初演で王子を踊った名舞踊手である。カラボスと青い鳥は、名教師として知られるエンリコ・チェケッティが踊った。

　初日の前日のアヴァン・プルミエには、皇帝アレクサンドル3世も臨席《りんせき》し、「大変美しい」と感想を述べたと伝えられ、公演は非常な成功を収める。その後、上演は続き、1914年には上演200回を数えるに至った。

　『眠れる森の美女』は、序曲からいきなり強烈な響きで、邪悪なカラボスの性格が描かれたかと思うと、打って変わってリラの精の優しい響きが物語の世界へと誘う。全編踊りの見どころに富み、「バレエの中のバレエ」にたとえられる豪華絢爛な舞台が魅力である。

　プロローグでは、妖精たちのそれぞれ性格の異なった踊りが目にもあでやか。主役のオーロラ姫は、続く第1幕から最後の第3幕まで全ての幕に登場。第1幕の4人の王子を相手に踊る「ローズ・アダージォ」から、第2幕の森の場面での幻想的な踊りを経て、第3幕のグラン・パ・ド・ドゥに至るまで、優《ゆう》雅《が》に踊りながら女性としての成長の跡を見せていく。第3幕の「青い鳥」のパ・ド・ドゥも主役級の踊り手が出演することもあり、重要なパートである。

■フォンテーンからギエムまで 華麗なオーロラ姫の系譜

　このバレエは、1921年にディアギレフのバレエ・リュスがロンドンで上演したのが伝説となり、その華麗な舞台の思い出から、英国ロイヤル・バレエが早くから全幕上演を果たし、名花マーゴ・フォンテーンとロイヤル・バレエの栄光を象徴する演目となった。

　オーロラ姫を当たり役としたバレリーナは、ロシアでは、オリガ・スペシフツェワ、イリーナ・コルパコワ、アラ・シゾーワ、ディアナ・ヴィシニョーワ、スヴェトラーナ・ザハーロワ、パリ・オペラ座では、ノエラ・ポントワ、エリザベット・プラテル、シルヴィ・ギエム、英国ロイヤル・バレエではアリーナ・コジョカルなどが挙げられる。

チャイコフスキー 三大バレエ

くるみ割り人形

振付：レフ・イワーノフ
原作：E・T・A・ホフマン『くるみ割り人形とねずみの王様』による
　　　アレクサンドル・デュマ『くるみ割り人形の物語』
台本：マリウス・プティパ
構成：全2幕
初演：1892年12月18日サンクトペテルブルグ、マリインスキー劇場
　　　金平糖の精：アントニエッタ・デレラ、王子：パーヴェル・ゲルト

【物語】

第1幕：ドイツのシュタールバウム家の広間。クリスマスの夜のパーティーで、クララは、名付け親のドロッセルマイヤーからくるみ割り人形を贈られる。真夜中になると、クララの前にねずみの大群が現れる。くるみ割り人形とねずみの軍隊の戦い。くるみ割り人形はねずみを退治し、凛々《りり》しい王子の姿となってクララを雪の国に案内する。

第2幕：お菓子の国。クララと王子は各国の踊りの饗宴《きょうえん》を楽しむ。最後に金平糖《こんぺいとう》の精（あるいはクララ）と王子が優雅に踊る。夢から覚めたクララは、楽しかったひと時をなつかしむ。

■プティパの代理で振付 イワーノフの才気光る

『くるみ割り人形』はチャイコフスキーの三大バレエの最後の作品である。

このバレエの企画は、1890年1月にマリインスキー劇場で上演された『眠れる森の美女』が大成功を収めたことから立ち上がった。劇場支配人のフセヴォロジスキーは、チャイコフスキーとプティパの協力を得て再び帝室劇場のバレエに活況をもたらそうとしたのである。『眠れる森の美女』に続いて、再び衣裳デザインを担当した。

チャイコフスキーは、『眠れる森の美女』と同じように、プティパから与えられた指示通りに作曲を進める。第2幕の「お菓子の国」に関しては、筋のないディヴェルティスマンを作曲することに気が向かなかったようだが、バレエの初演より一足先に『組曲』が完成、92年3月作曲家自身の指揮で初演される。これは、第1幕の行進曲や第2幕の「お菓子の国」の8曲で構成されたものである。

リハーサルが始まると、プティパは病になり、代わりに副メートル・ド・バレエのイワーノフが振付し、バレエを完成させる。こうして『くるみ割り人形』は1892年12月マリインスキー劇場で初演を迎えた。バレエは概《がい》

して好評だったが、批判もあった。不評を招いたのは、第1幕でクララを子役が演じ、主役の金平糖の精は、第2幕の最後にしか登場しないので物足りなかったことと、「お菓子の国」に行った後クララがどうなったのか、物語が完結しないといった点であった。これは、オペラ『イオランタ』と共に作曲

ABTで2010年に初演されたラトマンスキー振付『くるみ割り人形』より雪の国　©瀬戸秀美

され、一続きの出し物として作られたという事情が関係しているようである。

その後、『くるみ割り人形』は、単独で上演されるようになり、後世の振付家たちによって初演の台本の欠点を補う演出が繰り返し試みられている。

音楽的には、雪の国で児童合唱を加え、金平糖の精の踊りに、パリで入手したばかりの珍しいチェレスタが使用されるなど、バレエの夢幻的雰囲気を高めるのに効果的だった。

イワーノフの振付で特に定評があるのは、第1幕2場の雪片《せっぺん》のワルツや第2幕の花のワルツのフォーメーションの美しさだが、踊りの見どころは数多い。

第2幕「お菓子の国」では、チョコレート（スペインの踊り）から、コーヒー（アラビアの踊り）、お茶（中国）、トレパーク（ロシア）、葦笛《あしぶえ》の踊り（フランス）とそれぞれのお国柄が表れた踊りが繰り広げられた後、キャンディー（ジゴーニュおばさんと道化たち）、花のワルツと続き、最後に金平糖の精と王子のパ・ド・ドゥという最大の見せ場が待っている。

このバレエの改訂版として画期的だったのが、このバレエを初演したマリインスキー劇場で誕生したワイノーネン版（1934年）である。主役クララはマーシャとなり、「お菓子の国」はマーシャの夢として、マーシャが金平糖のパ・ド・ドゥを踊るという設定にされた。現在の演出は、初演のように、クララは子役が演じ、金平糖の精は大人のバレリーナが演じるものと、一人のバレリーナがクララと金平糖の精を演じるものに大別される。

葦笛の踊り（1900年マリインスキー劇場）©兵庫県立芸術文化センター薄井憲二バレエ・コレクション

2 ロマンティック・バレエ

『パ・ド・カトル』 ©兵庫県立芸術文化センター
薄井憲二バレエ・コレクション ※

■超自然の世界と地方色 フランスで隆盛極める

19世紀のフランスでは、革命後の新時代を象徴《しょうちょう》するように、ロマンティック・バレエと言われる新しい様式のバレエを多数生んだ。文学から音楽、美術など諸芸術の間で広がったロマン主義運動の影響がバレエにも及んだもので、最盛期は1830年～50年頃。七月革命でブルボン朝が終わりを告げ、ブルジョワ層が台頭したおよそ20年間である。

折しもパリ・オペラ座は、政府から援助を受ける私企業組織となり、支配人に就任したヴェロン博士は、新機《き》軸《じく》を打ち出し、バレエの人気を煽った。こうして『ラ・シルフィード（空気の精）』（1832年）や『ジゼル』（41年）などの名作が生まれた。

ロマンティック・バレエの大きな特色は、超自然の世界と地方色をテーマに、妖精と人間のロマンスや異国を舞台にした物語をバレエの題材にしたことで、新しい芸術の世界へ興味をかりたてるに十分であった。

その萌芽は、フランス革命前夜にボルドーで生まれたドーベルヴァル振付『ラ・フィーユ・マル・ガルデ（リーズの結婚）』（1789年）の中に既に現れていた。従来バレエの主役であった神々や英雄は姿を消し、舞台は農村へ移行、主役となったのは庶民であった。現在では、当時の音楽は失われているが、エロルドの音楽によるアシュトン版やヘルテルの音楽を用いたプティパ／イワーノフ版などに作品の精神が継承されている。

1831年、パリ・オペラ座で上演

されたマイヤーベーア作曲のオペラ『悪魔のロベール』第3幕には、墓から蘇った尼僧の霊たちのバレエ場面があり、これがロマンティック・バレエの始まりと言われている。

この時、フィリッポ・タリオーニの振付で、尼僧の役を踊った娘のマリー・タリオーニ（1804〜84）は、翌32年、やはり父フィリッポの振付で『ラ・シルフィード』を踊り、大成功を収める。ふんわりとしたモスリンのチュチュをまとい、ポワントで優雅に踊り妖精と化したマリーに観客は熱狂した。ポワント技法は、これ以前にもロシアやヨーロッパ各地で試みられていたが、画期的な成功を遂げたのは『ラ・シルフィード』が最初である。

それから9年後の41年には、アダン作曲の名作『ジゼル』が初演され、カルロッタ・グリジの主演で圧倒的人気を博し、ロマンティック・バレエは最盛期を迎えた。

同時代には、タリオーニの対抗馬としてファニー・エルスラーが登場したほか、様々な名花が活躍。45年にはロンドンで、当代最高のスターを集めたプーニ作曲、ペロー振付の『パ・ド・カトル』が上演された。タリオーニ、グリジ、グラーン、チェリートの4人の名花が妍を競った様子がシャロンのリトグラフ※に残されている。

ユゴーの小説を基にした『エスメラルダ』（44年）やナポレオンに支配されたスペインを舞台にした『パキータ』（46年）、バイロン原作の『海賊』（56年）など様々なバレエが生まれては消え、ロマンティック・バレエは徐々に終焉《しゅうえん》に向かっていく。

70年に勃発したプロシアとの戦争でフランスは敗戦。ドリーブ作曲『コッペリア』（70年）に主演したジュゼッピーナ・ボツァッキは17歳の誕生日に天然痘《てんねんとう》でこの世を去り、72年パリ・オペラ座（サル・ル・ペルティエ）が火災で焼失。フランスのバレエは、時代の荒波に飲み込まれ、新たな舞台となったロシアに再生の道を託《たく》すことになる。

ミハイロフスキー・バレエの『海賊』第1幕　©瀬戸秀美

ロマンティック・バレエ

ラ・シルフィード

●タリオーニ版
振付：フィリッポ・タリオーニ
音楽：ジャン＝マドレーヌ・シュナイツホーファー（シュナイツェッフェルあるいはシュネゾフェール）
構成：全2幕
初演：1832年3月12日パリ・オペラ座
シルフィード：マリー・タリオーニ
ジェームズ：ジョゼフ・マジリエ

●ブルノンヴィル版
振付：オーギュスト・ブルノンヴィル
音楽：ヘルマン・レーヴェンスヨルド
構成：全2幕
初演：1836年11月28日デンマーク王立劇場
シルフィード：ルシル・グラーン、ジェームズ：オーギュスト・ブルノンヴィル

【物語】

第1幕：スコットランドの農家。エフィーとの結婚式の当日、ジェームズは可憐《かれん》なシルフィードに心を惑《まど》わされる。彼は、魔法使いのマッジを冷たく追い払うが、これが災《わざわ》いの元となる。ジェームズはエフィーを捨て、シルフィードを追って森に向かう。

第2幕：妖精の森。ジェームズはシルフィードを自分のものにしたいと思い、マッジから渡された魔法のショールをかける。するとシルフィードは、たちまち生気を失い死んでしまう。絶望したジェームズの前を、エフィーとガーンの結婚の行列が通り過ぎる。

■初のロマンティック・バレエ「白いバレエ」2種類の名版

『ラ・シルフィード』は、ロマンティック・バレエの幕開けとなったバレエである。

現在上演されているのは、タリオーニ版とブルノンヴィル版の2種類。前者は、1832年フランスで初演された後、国内で上演が途絶《とだ》え、ロシアでも19世紀末にレパートリーから消えてしまう。一方、後者は、フランスでの初演から4年後の36年にコペンハーゲンで生まれ、今日に至るまで作品が継承されてきた。失われたタリオーニ版は、20世紀にラコット版として新たに蘇り、パリ・オペラ座バレエをはじめ世界各国のバレエ団で上演されている。

『ラ・シルフィード』は、シャルル・ノディエの幻想小説『トリルビーあるいはアーガイルの妖精』を基にアドルフ・ヌーリが台本を書いたものである。ヌーリはオペラ『悪魔とロベール』（31年）でロベール公を演じたテノール歌手で、振付のフィリッポ・タリオーニ、美術のピエール・シセリ、主演のマリー・タリオーニといずれも前年のオペラのバレエ場面で協力したメンバーが再び顔を合わせた。

このバレエが画期的だったのは、まず第1幕がスコットランドの農村、第2幕が妖精の棲《す》む森という設定で、ロ

『ラ・シルフィード』を初演したマリー・タリオーニ　©BnF

マンティック・バレエの典型である現実と非現実の世界の両方を備えていたことである。第2幕では、ウジェーヌ・ラミが考案した薄いモスリンの生地を重ねた釣鐘《つりがね》型の白いスカート（ロマンティック・チュチュ）が使用され、「白いバレエ」の原型を生んだ。

　そしてマリーが披露《ひろう》したポワント技法は、妖精が本当に空中を飛んでいるかのような錯覚《さっかく》を与え、観客を陶酔の世界へ誘った。これ以降、バレエの主役はほとんど妖精になり、9年後には不朽の名作『ジゼル』を世に送り出す。

　もう一つのブルノンヴィル版が誕生したのは、デンマークの舞踊家オーギュスト・ブルノンヴィルがパリでこの作品を見て感動し、ぜひ自国でも上演したいと希望したことによる。諸事情により実現には至らなかったが、新たな音楽と振付で作り直したのがブルノンヴィル版である。タリオーニ版は原型が失われてしまったのに対し、こちらは現在に至るまでほぼ当時のスタイルを踏襲《とうしゅう》。芝居を見るような登場人物たちの入念な演技や柔軟で細やかなステップが特徴で、ロマンティック・バレエのスタイルを学ぶ上で貴重である。

　かたや幻のタリオーニ版は、パリ・オペラ座出身のピエール・ラコットによって再構成され、１９７２年に復活上演された。ラコットは、当時の資料を綿密《めんみつ》に研究し、時代の様式を保ちながら、ジェームズの技巧的見せ場を補充。現代の時流に合わせた演出で、このバレエに新たな生命を吹き込んだ。

　パリ・オペラ座の２００４年６月の上演は、マリー・タリオーニの生誕２００年と重なり、オーレリ・デュポンとマチュー・ガニオの主演で映像に収録されている。

ロマンティック・バレエ

ジゼル

振付：ジャン・コラリ、ジュール・ペロー
音楽：アドルフ・アダン
原作：ハインリッヒ・ハイネ『ドイツ論』
台本：テオフィール・ゴーティエ、ジュール＝アンリ・ヴェルノワ・ド・サン＝ジョルジュ
美術：ピエール・シセリ／衣裳：ポール・ロルミエ／構成：全2幕
初演：1841年6月28日パリ・オペラ座
ジゼル：カルロッタ・グリジ、アルブレヒト：リュシアン・プティパ

【物語】

第1幕：ドイツの美しい渓谷《けいこく》。公爵アルブレヒトは身分を隠して、村娘ジゼルと愛し合っている。ジゼルに心を寄せる森番ヒラリオンは嫉妬《しっと》のあまり、アルブレヒトの婚約者のバチルド姫が狩りに訪れた際に、アルブレヒトの身分を明かしてしまう。恋人の裏切りを知ったジゼルは、気が狂って息絶える。

第2幕：ウィリ（精霊）の支配する森。女王ミルタに導《みちび》かれジゼルはウィリの仲間入りをする。墓参りにやってきたアルブレヒトは、ウィリたちに襲われるが、ジゼルの命乞《ご》いのおかげで救われる。夜明けと共にジゼルは墓へ戻る。

『ジゼル』第1幕、初演でジゼルを演じたカルロッタ・グリジ　©BnF

■ロマンティック・バレエの最高峰 歴代のバレリーナたちの試金石に

ロマンティック・バレエの中で、『ジゼル』のように今日に至るまで踊り継がれ、長い命脈を保ってきた作品はほかにない。

この作品の生みの親は、ロマン主義の作家で評論家のテオフィール・ゴーティエである。彼は、親友である詩人のハイネの『ドイツ論』の妖精伝説から着想し、ド・サン＝ジョルジュの協力を得て台本を書いた。その伝説とは、不幸にも結婚する前に死んでしまった娘たちが、ウィリとなって真夜中に起き出し、若者を踊りの輪に誘い込み、死ぬまで踊らせるというものである。これに、ユゴーの詩からヒントを得て、主人公のジゼルが踊り好きで、踊りへの情熱のために命を落としたというエピソードを交えたのである。

パリ・オペラ座『ジゼル』第2幕　©瀬戸秀美

『ジゼル』の舞台は、第1幕はのどかな農村で、第2幕は精霊の支配する森である。この構成は『ラ・シルフィード』と変わりはないが、ここでは、身分違いのかなわぬ恋に、精霊となっても、恋人を愛し続けるという救いのテーマが加わった点に進歩があった。

　アドルフ・アダンの音楽は、ジゼルをはじめとする登場人物の主題を詩情豊かに描いた点が画期的で、後にドリーブやチャイコフスキーにも大きな影響を与えた。

　初演は1841年6月28日パリ・オペラ座。『ジゼル、あるいはウィリたち』のタイトルで、ロッシーニのオペラ『モイーズ』第3幕に続いて上演された。ジゼルを演じたのは、その日22歳の誕生日を迎えた、イタリア出身のカルロッタ・グリジで、タリオーニの『ラ・シルフィード』以来まれに見る大成功を収める。振付はオペラ座のメートル・ド・バレエのジャン・コラリが担当したが、グリジのパートは師であり夫でもあったジュール・ペローが振付けたと言われ、愛弟子《まなでし》の栄誉に貢献した。

　グリジは、その後、ロンドンやサンクトペテルブルグでも『ジゼル』を踊り名声を博す。一方、グリジが去ると、『ジゼル』はオペラ座では68年を最後に上演が途絶え、替わってロシアで、プティパが改訂した版を基に上演が繰り返されていく。

　パリ・オペラ座の舞台にこの名作が蘇るのは、20世紀に入ってからで、1910年、ディアギレフ率いるバレエ・リュスが、カルサヴィナとニジンスキーの主演で新たな歴史の一頁を開いた。これに刺激されたオペラ座は、24年以来この名作を再演し今日に至っている。

　『ジゼル』は、主役のバレリーナにとって、第1幕の狂乱の場の演技をはじめ、第2幕の精霊への変貌《へんぼう》などバレリーナの技量が試される作品で、世界のバレリーナたちが妙技を競ってきた。ジゼルの名役者として名を残すのは、グリジに続いて、タリオーニ、エルスラー、パヴロワ、スペシフツェワ、フォンテーン、ウラーノワ、フラッチ、ショヴィレ、ギエム等数えきれない。

　現代では、ザハーロワやコジョカルなどがジゼル役に定評がある。

ロマンティック・バレエ

海賊

振付：ジョゼフ・マジリエ
音楽：アドルフ・アダン（後にチェーザレ・プーニ、レオ・ドリーブ、リッカルド・ドリゴ、オルデンブルグ公爵などの曲を加え編曲）
原作：ジョージ・ゴードン・バイロンの詩『海賊』
台本：ジュール＝アンリ・ヴェルノワ・ド・サン・ジョルジュ、ジョゼフ・マジリエ
構成：全3幕（プロローグ、エピローグ付き）
初演：1856年1月23日パリ・オペラ座
メドーラ：カロリーナ・ロザティ、コンラッド：ドメニコ・セガレッリ

【物語】

プロローグ：難破《なんぱ》。海賊たちの乗った船が嵐で海に沈む。

第1幕：浜辺にたどりついた海賊の首領コンラッドは、ギリシャの娘メドーラに助けられ、互いに好意を抱くが、メドーラはギュリナーラと共に、奴隷商人のランケデムたちにさらわれてしまう。奴隷市場では、ギュリナーラがトルコ総督に買い取られ、メドーラもあわやというところを商人に変装したコンラッドに助けられる。

第2幕：海賊の洞窟《どうくつ》。コンラッドとメドーラは再会を喜び合うが、戦利品を巡って海賊たちが仲間割れ。ランケデムの入れ知恵で、海賊たちはコンラッドを眠らせた隙《すき》にメドーラをさらう。

第3幕：ハーレムで、メドーラや乙女たちが優雅に踊る様は〈生ける花園〉の如し。そこへコンラッドたちが乗り込んできて、メドーラたちを救出する。

エピローグ：海。自由の身となったメドーラはコンラッドと共に船出する。

■人気のグラン・パ・ド・ドゥ 全幕版の上演も各地で盛んに

バレエ『海賊』と言えば、まずそのグラン・パ・ド・ドゥが有名で、『ドン・キホーテ』や『黒鳥』のグラン・パ・ド・ドゥと並んで、バレエ・コンサートの花形となってきた。1961年に亡命したヌレエフなどが踊って、西欧で知られるようになった。

全幕版の上演は、しばらく前までは、ロシア国内に限られ、海外で上演される機会は少なかったが、近年再評価が進み、各国で頻繁《ひんぱん》に上演される傾向にある。2007年ラトマンスキー、ブルラカ版（ボリショイ・バレエ）、イワン・リスカ版（ミュンヘン・バレエ）、09年ファルフ・ルジマートフ版（ミハイロフスキー劇場バレエ）、13年カデール・ベラルビ版（トゥルーズ・キャピトル・バレエ）、アンナ＝マリー・ホームズ版（ENB）等々である。

物語は、イギリスの詩人バイロン卿の詩を基に、美しいギリシャの娘メ

初演でメドーラを演じたカロリーナ・ロザティ　©兵庫県立芸術文化センター薄井憲二バレエ・コレクション

ドーラが海賊にさらわれ無事救い出されるというたわいないものだが、エキゾティックな舞台を背景に繰り広げられる波瀾万丈《はらんばんじょう》の冒険活劇が遠い異国へのロマンをかきたてる。決定版が少ないのも、多くの振付家に自由な改訂の余地を与えている理由の一つかもしれない。

原曲を作曲したのは『ジゼル』などで名を上げたアダンで、これが彼の最後のバレエ曲となった。

初演は1856年パリ・オペラ座。メートル・ド・バレエのマジリエは、イタリアのバレリーナ、カロリーナ・ロザティのためにこのバレエを振付け、ロザティは魅力溢れる演技で期待に応《こた》える。最終幕の難破船の場面は、大掛かりな機械仕掛けが評判を呼んだと伝えられる。パリ初演から半年後にはロンドンで上演され人気を博すが、ロザティの引退と共にオペラ座のレパートリーから消えてしまう。

その後、サンクトペテルブルグで、プティパによって数回改訂が施《ほどこ》され、「奴隷の踊り」(音楽オルデンブルグ公爵)、「オダリスクのパ・ド・トロワ」(音楽アダンとプーニ)、「生ける花園」(音楽ドリーブ)など華やかな踊りの場面が加筆され、プティパ以後も多くの改訂版が生まれた。

ちなみに洞窟の場面で踊られるメドーラと奴隷のアリの『グラン・パ・ド・ドゥ』は、最も技巧の見せ場に富んでいるが、プティパの振付ではない。最近の研究によれば、1910年代にメドーラとコンラッドとアリのパ・ド・トロワとして振付けられ、その後複数の振付家の手を経て今日に至ったようだ。音楽もドリゴら何人かの作曲家の音楽が組み合わされている。ちなみにメドーラのヴァリエーションは、今日ドリゴからミンクス、シモンまで様々な選曲で踊られている。

今後も『海賊』は、現代人のロマンの対象として、永く上演され続けていくことであろう。

マリインスキー・バレエの『海賊』エピローグ　©瀬戸秀美

3 ミンクスのバレエ

■『ドン・キホーテ』など プティパの大作で功績

ルートヴィヒ・ミンクス（Ludwig Minkus）は生涯に30曲近いバレエ音楽を書いている。ヴァイオリニスト出身のミンクスの音楽は、明快でリズミカルな楽曲が組み合わされ、叙情的な旋律が誰にも親しみやすいのが魅力である。とりわけそのヴァリエーションの優美な旋律に定評がある。

代表作は、スペイン情緒たっぷりの『ドン・キホーテ』や『パキータ』の終盤の華やかな「グラン・パ」、インドのエキゾティスム豊かな『ラ・バヤデール』、ドリーブと共作の絢爛とした響きの『泉』等々がよく知られている。

1826年3月23日ウィーンに生まれ、本名はアロイシウス・ルートヴィヒ・ミンクス。レオン・ミンクスはロシアでの芸名である。

父はチェコ人、母はハンガリー人。ワイン商の父の経営するレストランで音楽に親しむ。4歳でヴァイオリンのレッスンを始め、コンセルヴァトワールで研鑽《けんさん》を積む。46年パリで、マジリエの依頼で『パキータ』のパ・ド・トロワの一部の音楽を作曲、これが作曲家としてのデビューとなる。

55年サンクトペテルブルグのニコライ・ユスーポフ公の

『ドン・キホーテ』1905年頃のモスクワの舞台、第1幕
©兵庫県立芸術文化センター薄井憲二バレエ・コレクション

ボリショイ・バレエ『ラ・バヤデール』第1幕よりニキヤ（マリヤ・アラシュ）とソロル（セルゲイ・フィーリン）のパ・ド・ドゥ　©瀬戸秀美

オーケストラの監督、61年モスクワ、ボリショイ劇場の首席コンサート・マスターに就任、64年に同劇場のバレエ音楽作曲家となる。同時に66〜72年モスクワ音楽院で教鞭をとる。

最初は、『コッペリア』（70年）の振付で知られるアルチュール・サン＝レオンに協力し、パリ・オペラ座の『ネメア』（64年）、『泉』（66年）を、サンクトペテルブルグの『百合』（69年）などを作曲。『泉』は、多忙のため第1幕と第3幕2場のみを作曲し、ほかの部分は30歳の若きレオ・ドリーブが担当した。

その後、69年にモスクワ、ボリショイ劇場で初演されたプティパ振付『ドン・キホーテ』の作曲を機に、プティパとの協力関係が始まる。プーニが70年に没した後、その後継として、帝室マリインスキー劇場専属のバレエ作曲家に就任。プティパのために『カマルゴ』（72年）、『パピヨン』（74年）、『ラ・バヤデール』（77年）、『ロクサーヌ』（78年）、『パキータ』の「グラン・パ」と「マズルカ」（82年）など16本ほどのバレエ音楽を作曲している。

とりわけプティパ中期の大作『ラ・バヤデール』の壮大で色彩豊かな音楽は、『ドン・キホーテ』と並ぶ名作として親しまれている。

帝室マリインスキー劇場の支配人にフセヴォロジスキーが就任すると、専属の地位を追われウィーンに帰郷、1917年同地で九十一歳の生涯を閉じた。

ミンクスのバレエ

パキータ グラン・パ

●パリ初演版
振付：ジョゼフ・マジリエ（台本はフシェと共作）
音楽：エドゥアール・マリ・エルネスト・デルデヴェズ、ミンクス（第1幕パ・ド・トロワの一部）
構成：全2幕
初演：1846年4月1日パリ・オペラ座
主演：カルロッタ・グリジ、リュシアン・プティパ

●プティパ版
初演：1882年1月8日サンクトペテルブルグ、ボリショイ劇場
主演：エカテリーナ・ワゼム、P・ゲルト

●ラコット版
初演：2001年1月25日パリ・オペラ座
主演：クレールマリ・オスタ、マニュエル・ルグリ

【物語】（ラコット版による）

時代：19世紀初めナポレオン統治下のスペイン

第1幕：サラゴサ近郊の渓谷。この地を父伯爵《はくしゃく》と共に訪れたフランス人将校リュシアンは、ジプシーの娘パキータと出会い、その魅力の虜《とりこ》となる。パキータに思いを寄せるジプシーの首領イニゴは、フランスに敵意を持つスペイン総督と組み、リュシアン暗殺を計画。リュシアンは、ジプシーの住処におびき寄せられるが、パキータの機転のおかげで命拾いし、二人で逃げ出す。

第2幕：舞踏会。ふとしたことからパキータが実はリュシアンのいとこで、幼い頃ジプシーにさらわれたことが判明。二人はめでたく結ばれる。

■バレエ・コンサートの華 スペインの異国情緒豊か

『パキータ』と言えば、一般にプティパがミンクスに作曲を依頼して加筆した「グラン・パ」がバレエ・コンサートの花形として親しまれている。これは主役のパキータと将校リュシアンの結婚式の祝宴の場面。作品の最後を飾って踊りの饗宴が繰り広げられる「ディヴェルティスマン」である。

躍動的なリズムを刻む女性群舞で幕を開け、続いて優雅な主役二人のアダージォ、ソリストおよび主役二人のヴァリエーションが続き、最後は全員によるコーダ（女性2＋男性1によるパ・ド・トロワが入る場合もある）。華やかな技巧の見せ場にこと欠かず、バレエ・コンクールなどでもしばしばヴァリエーションが踊られている。

この作品の上演史を振り返ると、パリ初演は、『ジゼル』初演で名声を博したグリジとマリウス・プティパの兄リュシアンが主演し成功を収めるが、まもなくレパートリーから外れてしまう。しかし、『ジゼル』と同様に、このバレエが再生するのはロシアで、マリウス・プティパの手によって改訂版が誕生する。

Paquita

プティパは、1847年にサンクトペテルブルグで『パキータ』を踊ってデビュー。82年には、自ら改訂を施し、第2幕の最後にミンクス作曲の「グラン・パ」と「マズルカ」を付け加えて、華やかなグランド・バレエに仕上げることに成功した。

その後、革命を経てロシアでは全幕上演は途絶え、50年代以降「グラン・パ」の部分のみが独立して上演されるようになった。現在マリインスキー・バレエで上演されているのは、78年にピョートル・グーセフらによって復元された振付である。

一方ヨーロッパでは、全幕版復活上演の兆《きざ》しが見られ、2001年にパリ・オペラ座がラコット版を上演。現代的創意が加わった制作だが、異国情緒溢れた舞台から、ロマンティック・バレエ時代の雰囲気や、スペインにゆかりの深いプティパの作風を偲ぶことができる。

2015年1月には、ミュンヘン・バレエでアレクセイ・ラトマンスキーがプティパ版の再現を試み脚光を浴びた。長年失われていた作品も、地道な復元作業のおかげで徐々に本来の姿を取り戻しつつある。

パキータのカルロッタ・グリジ　©兵庫県立芸術文化センター薄井憲二バレエ・コレクション

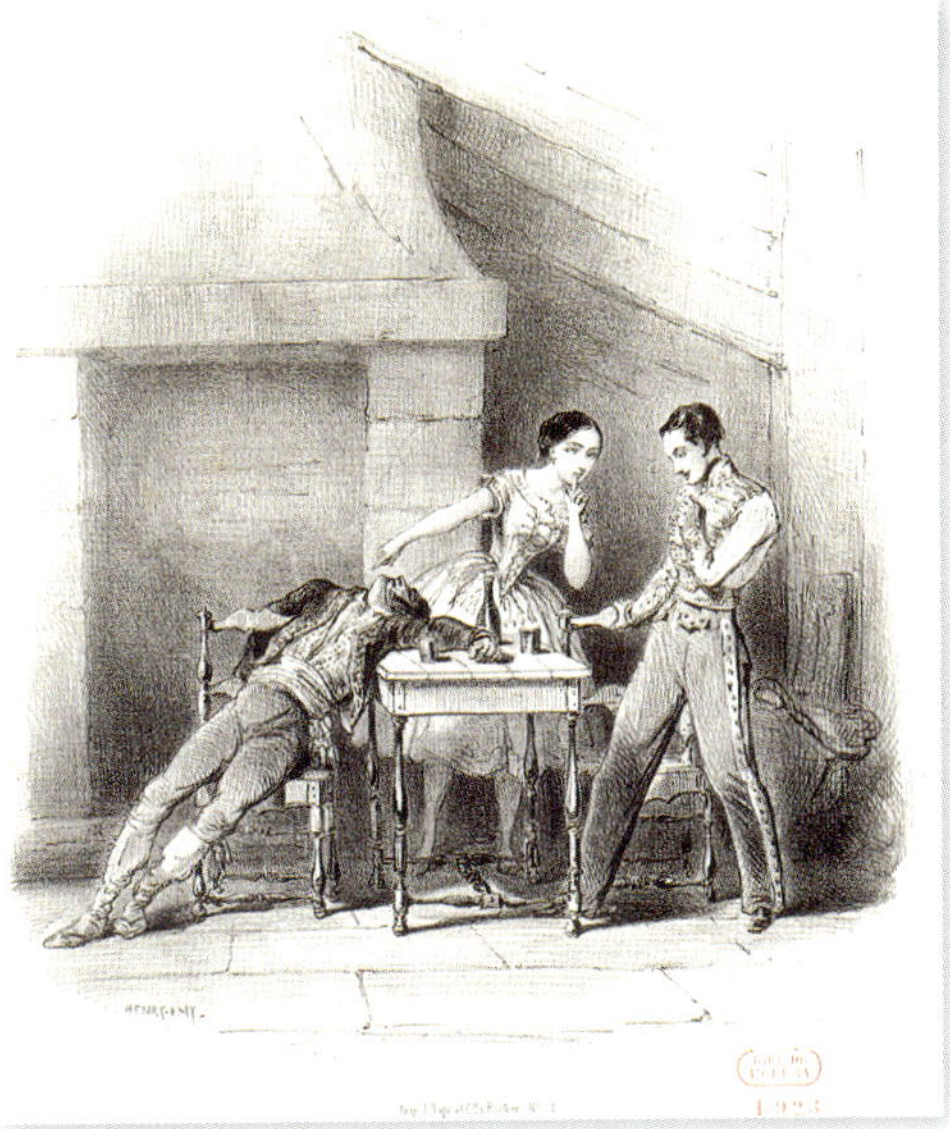

第1幕より（パキータ=カルロッタ・グリジ）　©BnF

ミンクスのバレエ

ドン・キホーテ

原作：ミゲル・デ・セルバンテス
振付・台本：マリウス・プティパ
●初演：1869年12月26日モスクワ、ボリショイ劇場　全4幕
　キトリ：アンナ・ソベシチャンスカヤ、バジル：セルゲイ・ソコロフ
　ドルシネア：ペラゲイア・カルパコーワ
●改訂版：1871年11月21日サンクトペテルブルグ、ボリショイ劇場　全5幕
　キトリ／ドルシネア：アレクサンドラ・ヴェルギナ、バジル：レフ・イワーノフ

【物語】

プロローグ・ドン・キホーテの書斎。自分を騎士と信じ込んだドン・キホーテは、お伴《とも》にサンチョ・パンサを連れて遍歴《へんれき》の旅に出る。

第1幕：バルセロナの広場。美人の街娘のキトリと床屋のバジルは恋仲だが、キトリの父親は娘を金持ちのガマーシュと結婚させようとする。そこへドン・キホーテとサンチョが到着。騒ぎに紛れて愛し合う若い恋人たちは駆け落ちする。

第2幕：ジプシーの野営地。キトリとバジルを追ってドン・キホーテたちがやってくる。風車に襲いかかり吹き飛ばされた騎士は、夢の中で憧れのドルシネア姫に会い、恍惚《こうこつ》とする。

第3幕：居酒屋。キトリとバジルは父親たちに捕まりそうになるが。バジルの狂言自殺が成功し、キトリの父親も二人の結婚に承諾《しょうだく》。めでたく公爵の館で、二人の結婚の宴が盛大に催される。

■スペインの異国情緒とあでやかな舞踊シーン

タイトルは『ドン・キホーテ』でも、バレエの主役はキトリとバジルの若いカップルである。１８６９年のモスクワ初演の成功は、プティパの名声を決定的にし、その後の栄光を予測させた。このバレエの魅力は、何と言っても陽光溢れるスペイン・ムードを満喫させる踊りの数々で、スペインに滞在し、当地の舞踊を研究したプティパの経験が十分に生かされている。

賑《にぎ》やかなバルセロナの広場から夢の場面を経て、キトリとバジルの結婚式に至る変化に富んだ構成。結婚式で披露されるグラン・パ・ド・ドゥは、跳躍や回転など超絶技巧の見どころたっぷりでバレエ・コンサートの定番演目。キトリの32回のグラン・フェッテはテクニックの大きな見せ場である。

ここに至るまでこのバレエは、様々な改訂を施されてきた。初演からまもない71年、サンクトペテルブルグで上

『ドン・キホーテ』1905年頃のモスクワの舞台、第2幕
©兵庫県立芸術文化センター薄井憲二バレエ・コレクション

演された際に、プティパの手で最初の改訂が行われ、初演の4幕版は5幕版となった。第4幕にドルシネア姫の夢の場面（現行版第2幕）が加えられ、第5幕の公爵の館におけるキトリとバジルの結婚式に続いてエピローグで終わる。古典バレエの様式がはっきり現れ、モスクワ版より洗練された雰囲気に生まれ変わったのが大きな変化であった。初演では別々のバレリーナが演じていたキトリとドルシネア姫を、改訂版ではヴェルギナが一人で演じた。

その後、モスクワ、ボリショイ劇場で、若きメートル・ド・バレエのアレクサンドル・ゴルスキーが改訂を試みる。１９００年12月のモスクワ初演に続いて、02年1月サンクトペテルブルグのマリインスキー劇場で上演。後者は、キトリにマチルダ・クシェシンスカヤ、バジルにニコライ・レガート、街の踊り子にオリガ・プレオブラジェンスカヤ、サンチョ・パンサにエンリコ・チェケッティという豪華な配役が歴史に刻まれる。ゴルスキー版は、従来の常套《じょうとう》的な手法を排し、群舞の一人一人がドラマに参加しているような祝祭的な空間を創り出そうとしたのが斬新で、これが現在上演されている版の基本になっている。

20年代に、アレクセイ・エルモラーエフという傑出したバジル役者を生んだのに続いて、30～40年代は、ワフタング・チャブキアーニが炎のような超絶技巧で名を馳《は》せ、以降ロシアでは、ウラジーミル・ワシーリエフ、ルドルフ・ヌレエフ、ミハイル・バリシニコフ、ファルーフ・ルジマートフ、イワン・ワシーリエフといった名手たちが輩出した。

ヌレエフは、彼自身が大スターであっただけに、自らの演出版においてもバジルの踊りの見せ場をふんだんに設けた重厚な舞台を、ウィーン国立歌劇場バレエ（66年）からパリ・オペラ座バレエ（81年）に至るまで世界各地で制作。バリシニコフはＡＢＴのために新制作（78年）を上演した。

キトリ役では、ボリショイのオリガ・レペシンスカヤ、マイヤ・プリセツカヤ、エカテリーナ・マクシーモワ、ナデジダ・パヴロワ、ニーナ・アナニアシヴィリ、ナタリヤ・オシポワ、パリ・オペラ座のシルヴィ・ギエム、イザベル・ゲラン等々が名高い。

ミンクスのバレエ

ラ・バヤデール

●プティパ初演版
台本：セルゲイ・フデコフ、マリウス・プティパ
構成：全4幕（アポテオーズ付き）
初演：1877年2月4日サンクトペテルブルグ、ボリショイ劇場／ニキヤ：エカテリーナ・ワゼム、ソロル：レフ・イワーノフ

●マカロワ版
編曲：ジョン・ランチベリー
美術：ピエル・ルイジ・サマリターニ
構成：全3幕／初演：1980年5月21日ABT／ニキヤ：マカロワ、ソロル：アンソニー・ダウエル、ガムザッティ：シンシア・ハーヴェイ

●ヌレエフ版（プティパによる）
編曲：ランチベリー
美術：エツィオ・フリジェリオ
構成：全3幕／初演：1992年10月8日パリ・オペラ座／ニキヤ：イザベル・ゲラン、ソロル：ローラン・イレール、ガムザッティ：エリザベット・プラテル

【物語】

第1幕：インドの寺院の前。戦士ソロルは、聖なる火を守る巫女《みこ》ニキヤと愛し合っている。ニキヤに横恋慕《よこれんぼ》するハイ・ブラーミン（大僧正）は、激しい嫉妬の炎を燃やす。

ラジャー（王侯）の宮殿を訪れたソロルは、ラジャーの娘ガムザッティとの婚約を命じられる。ニキヤと永遠の愛を誓いながらも、ガムザッティの美しさに魅せられ、ソロルは婚約を承諾。一方、ニキヤとガムザッティはソロルを巡って争い、憤《いきどお》ったガムザッティはニキヤへの復讐を誓う。

第2幕：ソロルとガムザッティの婚約式。祝宴の最中にニキヤが入ってきて、ソロルの愛を取り戻そうと懸命に踊るが、花籠に隠された毒蛇に噛まれてその場で絶命する。

第3幕：ニキヤを見捨てた後悔の念にさいなまれたソロルは、阿片《あへん》を吸って「影の王国」を訪れ、愛するニキヤと再会する。

第4幕：寺院では、ガムザッティとソロルの結婚式を挙行《きょこう》。そこへニキヤの亡霊が現れ、神の怒りによって寺院は崩壊。ニキヤとソロルは天上で結ばれる。（現在では、第4幕を省略したり、第3幕に統合する演出が多い）

ニキヤを演じたエカテリーナ・ゲリツェル ©兵庫県立芸術文化センター薄井憲二バレエ・コレクション

■インドが舞台の大作
幻の第4幕も復活に

『ラ・バヤデール』は、生涯におよそ70

ものバレエを振付けた巨匠プティパの振付家としてのキャリアのちょうど中間期に生まれた大作である。同じ頃、モスクワでは、チャイコフスキーの最初のバレエ『白鳥の湖』が初演されたが、こちらは成功せず不遇をかこった。

『ラ・バヤデール』の舞台は古代インドで、舞姫と戦士の恋に、ラジャーの娘と大僧正の横恋慕が絡んだ愛憎のドラマは、劇的迫力十分。初演時、婚約式の場面では、200名もの出演者が舞台を埋め、ソロルは象に

パリ・オペラ座ヌレエフ版『ラ・バヤデール』第2幕よりガムザッティ（マリ=アニエス・ジロ）とソロル（ジャン=ギヨーム・バール）の婚約式の場面　©瀬戸秀美

乗って登場したという。インドのエキゾティスムと、「影の王国」の幻影たちによる「白いバレエ」のシーンのコントラストも見事で、後のチャイコフスキー「三大バレエ」に至るまでにプティパが様式を確立していく道筋を示した。

プティパと共に台本を書いたフデコフはインド文化に詳しい評論家で、二人は、インドの詩人カーリダーサの古典劇『シャクンタラー』（1789年英訳）や、オベール作曲のオペラ・バレエ『神とバヤデール』（1830年）、プティパの兄リュシアンのバレエ『シャクンタラー』（58年）、ヴェルディのオペラ『アイーダ』（71年）などから想を得ただろうと推測される。

初演でニキヤを演じたのは、エカテリーナ・ワゼム。プティパのお気に入りの技巧派のバレリーナで、初演から84年までの7年間に70回も踊るという記録を残した。1902年には、ワゼムの教え子で21歳のアンナ・パヴロワがニキヤでデビューを果たしている。

このバレエは、初演以降、1900年プティパがマリインスキー劇場で改訂を行って以来、様々な改訂を経ながら再演されてきたが、19年に上演された際は、革命後の混乱で大道具方が人手不足に陥《おちい》り、第4幕が省略された。それ以来、「影の王国」で終わる3幕版が定着するようになったといういきさつがある。

なお、後に追加された踊りには、有名なソロルのヴァリエーション（41年ワフタング・チャブキアーニ）や黄金の神像の踊り（48年ニコライ・ズブコフスキー）などがある。

このバレエが国外に初めて紹介されたのは、まず「影の王国」からで、61年現在のマリインスキー・バレエのパリ公演の際というのが知られているが、これより一足先、60年の同バレエ団の初来日公演でもこの見せ場が上演されている。

西欧で初めて全幕版が上演されたのは、旧ソ連から亡命した名バレリーナ、ナタリヤ・マカロワが80年ABTに振付けた版で、長年失われていた神殿崩しの場面を復活させ、この影響は後世生まれたほかの多くの版に及んでいる。

やはり亡命した大スター、ルドルフ・ヌレエフは、病に倒れる直前の92年パリ・オペラ座のために、「影の王国」で締めくくられる3幕版を完成させ、ヌレエフの振付作品中最も豪華絢爛な制作として、空前の成功を収めた。

プティパの制作の全貌《ぜんぼう》を伝えるものとしては、2002年マリインスキー・バレエのヴィハレフによる1900年のプティパ版の復活上演があり、幻の第4幕を完全に蘇らせたのが画期的であった。

ボリショイ・バレエ『ラ・バヤデール』第3幕「影の王国」の精霊たちの群舞　©瀬戸秀美

第III章

バレエ・リュスとその栄光

20世紀の革新・奇跡のバレエ団

■前衛芸術家の才能を結集 ディアギレフの先見性

稀代《きたい》の興行師セルゲイ・ディアギレフ（1872〜1929）に率いられたバレエ・リュス（Les Ballets Russes ロシア・バレエ団）は、1909年にパリのシャトレ座で衝撃的なデビューを飾ってから、ディアギレフが急逝《きゅうせい》するまでの20年間しか存続しなかった。しかし、時代を先読みしたディアギレフの先見によって生み出された革新的なバレエは、常にセンセーションを巻き起こし、芸術史上の「事件」として偉業が歴史に刻まれる。

ディアギレフ ©BnF

誕生から100年を迎えた2009年は、世界各地で記念の行事が開催されたが、一世紀を経た今日でもなおバレエ・リュスの実験精神は様々な形で継承され、栄光の足跡を偲ぶことができる。

ディアギレフは、地方貴族の出身で、軍人であった父の駐屯地《ちゅうとんち》のノヴゴロドで生まれ、ペルミで育つ。サンクトペテルブルグの大学で学び、芸術家たちと知遇《ちぐう》を得る。リムスキー＝コルサコフに作曲を習うなど音楽の素養はあったが、芸術家としての才能よりも、むしろ熱心な芸術愛好家として、他人の優れた才能を見出す能力に秀《ひい》でていた。

1898年に美術雑誌『芸術世界』を刊行。ロシアの芸術を西欧に紹介しようと、1906年からパリで絵画展やコンサートを開催。次いでバレエに目を向けるようになり、09年パリ、シャトレ座でバレエ・リュス初のシーズンが幕を開けた。ワツラフ・ニジンスキー、アンナ・パヴロワ、タマラ・カルサヴィナという当代最高のスターを揃えた公演は画期的な成功を収め、パリを席巻。こうしてロシア・バレエの革命の波は世界へ及んでいく。

バレエ・リュスで上演されたバレエの総数は70本近くに上る。その活動に携《たずさ》わった芸術家と言えば、振付家ではミハイル・フォーキン、ワツラフ・ニジンスキー、ブロニスラワ・ニジンスカ、レオニード・マシーン、ジョージ・バランシン、作曲家ではストラヴィンスキー、プロコフィエフ、ラヴェル、ドビュッシー、サティ、プーランク、ミヨー、レスピーギ、オーリック、ソーゲ、美術家では、バクスト、ピカソ、ゴンチャロワ、ラリオノフ、マティス、ドラン、ブラック、ユトリロ、ローランサン等々20世紀の芸術史界を彩る錚々《そうそう》たる顔ぶれが並び、壮観としか言いようがない。

バレエ・リュスは、舞踊と音楽と美術の未曽有《みぞう》のコラボレーションが生んだ奇跡の芸術家集団である。ロシア皇帝から経済援助を受けられず、栄光の陰には常に経済的困難がつきまとったが、こうした苦境に手を差し伸べたのは、ミシア・セールらパリの富裕貴族たちであった。偶然にもミシアは、ディアギレフと同年にサンクトペテルブルグに生まれた。

■一夜にしてパリを席巻 魅惑のロシア・バレエ

１９０９年5月19日の歴史的初日は、チェレプニン作曲『アルミードの館』、ボロディン作曲のオペラ『イーゴリ公』より『ポロヴェツ人の踊り』（いずれも振付はフォーキン）、名場面集の『饗宴』というプログラムで幕を開けた。ロシアのエキゾティスム溢れた舞台はパリの観客を完全に魅了。『アルミードの館』で奴隷に扮《ふん》したニジンスキーは、超人的な跳躍を披露し一夜にしてスターとなった。

翌6月は、フォーキン振付『レ・シルフィード』で、パヴロワ、カルサヴィナ、ニジンスキーという三人のスターが勢揃い。フランスで忘れ去られていたロマンティック・バレエの栄光を蘇らせた。ニジンスキーは、フォーキン振付の『クレオパトラ』でも奴隷の役を踊って圧倒的な人気を博す。

『レ・シルフィード』を踊るカルサヴィナとニジンスキー
（プログラム表紙1910年パリ・オペラ座） 著者提供

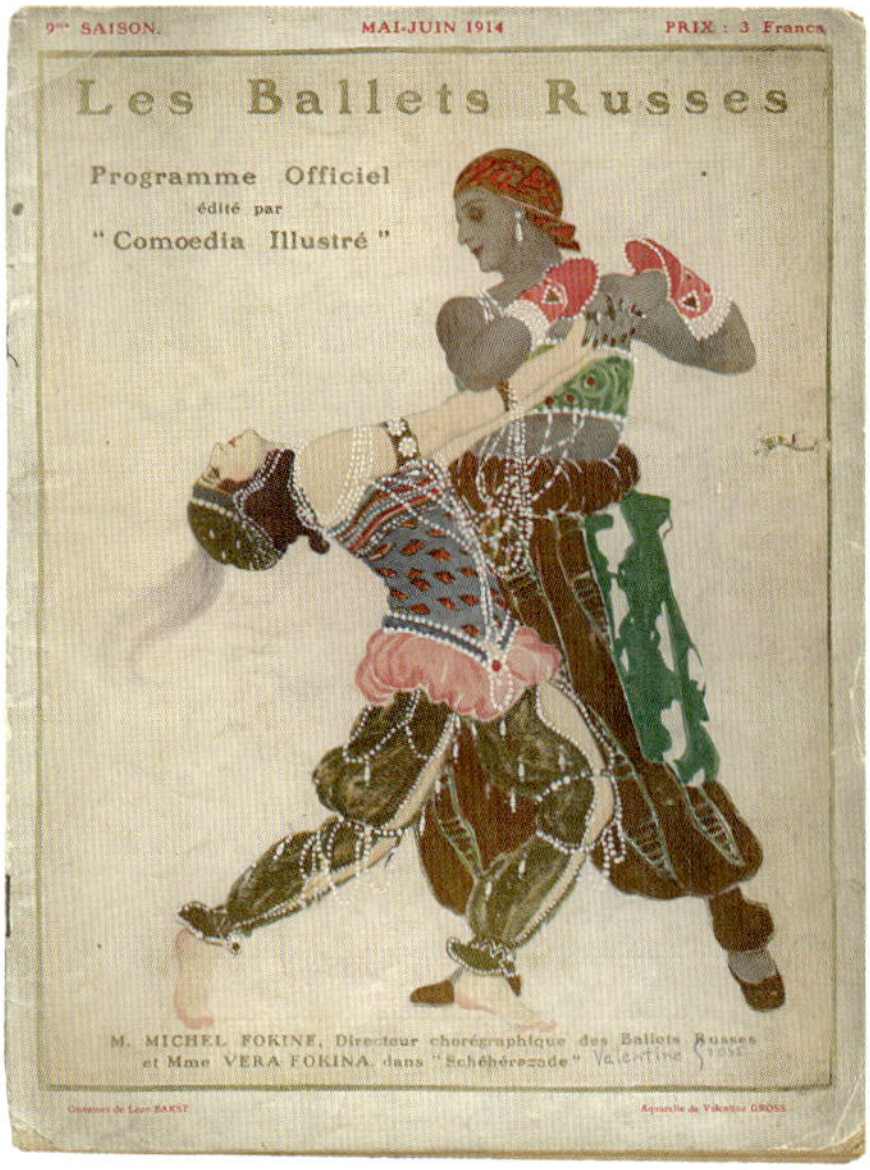

『シェエラザード』を踊るフォーキナとフォーキン（公演プログラム表紙1914年パリ・オペラ座）　著者提供

『タマール』のカルサヴィナとボルム。衣裳デザインはバクスト。（プログラム表紙1912年）　著者提供

『シェエラザード』のバクストの衣裳デザイン画（1920年公演プログラムより）　著者提供

最初のシーズンの成功により、バレエ・リュスは翌1910年パリ・オペラ座に進出。フォーキン振付『シェエラザード』『ジゼル』『火の鳥』などを上演し、前年に勝《まさ》るとも劣らない成功を収める。『火の鳥』は20代の若きストラヴィンスキーに作曲を委嘱したもので、まさにディアギレフの英断であった。以降、ストラヴィンスキーは、バレエ・リュスのために『ペトルーシュカ』『春の祭典』『結婚』『アポロ』など20世紀の名曲に数えられるバレエ音楽を数々作曲、バレエ・リュスの革新路線に大きく貢献していく。

11年は、フォーキン振付『薔薇の精』と『ペトルーシュカ』でニジンスキーが大活躍し、熱狂を巻き起こす。こうして最初の3シーズンは、ニジンスキーの人気とフォーキンの振付のおかげで大勝利を収めるが、常に新しい方向を目指していたディアギレフは、フォーキンに次ぐ振付家としてニジンスキーに白羽の矢を立てる。

『薔薇の精』を踊るニジンスキーとカルサヴィナ
（1911年公演プログラムより）　著者提供

■スキャンダルを招いた ニジンスキーの革新性

ニジンスキーの振付は、古典の技法から逸脱《いつだつ》した斬新《ざんしん》な手法がしばしばスキャンダルを巻き起こす。12年に初演された第一作のドビュッシー作曲『牧神の午後』は、ギリシャの壷絵《つぼえ》から着想され、足を平行にした歩行や、横向きのポーズなどに振付の独自性を見出すことができるが、ニジンスキー扮する牧神のエロティックな動作が論争を招いた。

ディアギレフはこうしたスキャンダルを巧みに宣伝に利用した。

『薔薇の精』と『カルナヴァル』ヴァランティーヌ・グロスが描いたニジンスキーとカルサヴィナ
(1913年公演プログラムより) 著者提供

さらに13年のストラヴィンスキー作曲『春の祭典』では、強烈な不協和音と野蛮な踊りに仰天《ぎょうてん》した客席が騒然となった逸話が、スキャンダルとして伝えられている。音楽の変則的なリズムにダンサーがなじめずリハーサルに膨大な時間を要したにも拘《かかわ》らず、この作品はパリで5回、ロンドンで3回上演されただけで、レパートリーから消えてしまう。音楽も振付もあまりに革新的だったために、観客に受け入れられるにはまだ時期尚早《じきしょうそう》であった。

『春の祭典』の初演の後、ニジンスキーは、南米公演に参加し、巡業先で突然結婚、バレエ・リュスを解雇《かいこ》される。やがて精神を病み舞台から消えてしまうが、残された4つの振付作品は現在見ても革新的で、舞踊家としてのみならず振付家としての業績が再評価されるようになった。

『牧神の午後』はニジンスキー自身が振付を記録、残る3作品に関しては、舞踊史家のミリセント・ホドソンと美術史家のケネス・アーチャーの尽力により現代に蘇った。

『春の祭典』は、87年にジョフリー・バレエで復活上演されて以来、パリ・オペラ座やマリインスキー・バレエのレパートリーに入る。日本では、92年にパリ・オペラ座の来日公演で紹介され反響を呼んだほか、2005年に兵庫県立芸術文化センターの開館記念に上演された。ドビュッシー作曲『遊戯』(13年)は、96年ヴェローナ、次いで2000年英国ロイヤル・バレエで上演。三人のテニス・プレイヤーの三角関係の中に、ニジンスキーとディアギレフの人間関係を描いたとも言われ、独特のポーズにモダニスムの萌芽《ほうが》が見出せる。

R・シュトラウス作曲『ティル・オイレンシュピーゲル』（1916年）は94年パリ・オペラ座で再構成が実現。わずか18分ほどの長さだが、大胆な美術を背景に、庶民の英雄ティルの奔放《ほんぽう》な生き様を描き、死しても魂は死なずという復活精神にペトルーシュカのイメージを重ねることができる。

自作の『牧神の午後』を踊るニジンスキー
©兵庫県立芸術文化センター薄井憲二バレエ・コレクション

ニジンスキー振付『遊戯』グロスが描いたショラー、ニジンスキー、カルサヴィナ（1913年公演プログラムより）

ニジンスキー振付『春の祭典』の紹介記事（1913年公演プログラムより）

著者提供

■マシーン、バランシン モダニズムへの移行

ニジンスキーが去ると、フォーキンが復帰し、モスクワからやってきたマシーンが新たな勢力となる。

マシーンは1914年、R・シュトラウス作曲『ヨゼフの伝説』でデビューし、15年『真夜中の太陽』で振付デビュー。以来、『パラード』(17年)、『三角帽子』(19年)、『春の祭典』(20年)などを振付ける。中でも第一次世界大戦の最中に初演された『パラード』は、鬼才ジャン・コクトーの台本、サティの音楽、ピカソの美術で制作され、"動くキュービスム"と言われた。「パラード」とは見世物小屋の前で演じられる客寄せのショーを指す。ピカソが美術を手がけた最初のバレエで、2年後にはスペインを舞台にした『三角帽子』でも見事な美術を提供している。

マシーンは、『春の祭典』をニジンスキー版の初演から7年後の20年に新振付で上演するなど、多彩な作品でバレエ・リュスの人気を支えるが、21年に結婚し、バレエ・リュスを退団してしまう。

替わって腕を振るったのがニジンスキーの妹のニジンスカである。21年にロンドンでチャイコフスキー作曲の大作『眠れる森の美女』を『眠り姫』と改題して上演した際、振付に協力して以来、ストラヴィンスキー作

『パラード』ピカソがデザインした中国人の衣裳
(「LA・DANSE」誌表紙 1920年12月発行) 著者提供

『三角帽子』ピカソのデザイン画(プログラム表紙
1919—20年パリ・オペラ座) 著者提供

曲『結婚』（23年）、プーランク作曲『牝鹿』（24年）、ミヨー作曲『青列車』（24年）などを振付け、兄に並ぶほどの才能を発揮した。『牝鹿』は、ローランサンの美術で、ハウスパーティーの模様を描き、『青列車』は、台本コクトー、緞帳《どんちょう》がピカソの『海岸を走る女』、美術がローランス、衣裳デザインがシャネルという豪華なスタッフによる制作。ロシアの野性的なエネルギーを体現した『結婚』には、ニジンスキーの『春の祭典』に通じるプリミティスムがあり、当時の世相《せそう》を反映しスポーツを登場させた『牝鹿』や『青列車』には、ニジンスキーの『遊戯』に通じる洗練されたモダニスムが横《おう》溢《いつ》し、兄妹の強い絆《きずな》を感じさせる。

ロシア革命後の20年代には、セルジュ・リファールとジョージ・バランシンが新たに加入する。端正な容姿に恵まれたリファールは、たちまちスターとなり、バランシンは振付家としての道を歩み始める。バランシンとストラヴィンスキーとの最初のコラボレーションとなった『ミューズを導くアポロ』（28年）や、聖書に題材をとったプロコフィエフ作曲『放蕩息子』（29年）は、現在でも傑作として上演され続けている。

『放蕩息子』はバレエ・リュス最後の創作となった。その夏、ディアギレフは保養先のヴェネツィアで息を引き取る。

『オーロラの結婚』ゴンチャロワの衣裳デザイン画
（公演プログラム表紙1922年パリ・オペラ座）
著者提供

『オーロラの結婚』を振付けたニジンスカ
（1922年公演プログラムより）　著者提供

■世界各地へと広まったバレエ・リュスの遺産

ディアギレフが急逝すると、バレエ・リュスは解散。メンバーはそれぞれ世界各地に散り散りになっていく。現在活動している世界のバレエ団は、バレエ・リュスと何らかのつながりがあり、いかにバレエ・リュスの影響が大きかったか想像に難《かた》くない。

まず、パリ・オペラ座では、ベートーヴェンの『プロメテウスの創造物』を上演する企画が立ち上がり、当初バランシンが振付ける予定だったのが、病に倒れたため、リファールが代わりに作品を完成させ、29年12月に初演された。その成功により、リファールは、翌30年からオペラ座の第一舞踊手兼メートル・ド・バレエとして契約され、四半世紀にわたってオペラ座を統率。低迷していたバレエ団に黄金期をもたらす。

一方、病から回復したバランシンは、バレエ・リュス・ド・モンテカルロや〈バレエ1933〉などで活動した後、リンカーン・カースティンと出会い、アメリカへ渡ってニューヨーク・シティ・バレエを創設。新天地で筋のないバレエを発展させ、アメリカのバレエとして根づかせた。

バレエ・リュス・ド・モンテカルロは、バレエ・リュス解散後、32年にルネ・ブルムとド・バジル大佐によって結成され、バレエ・リュスの舞踊家の多くが参加。35年に分裂し、さらにたびたび名称を変えながらアメリカからオーストラリアまで60年代まで世界各地を巡演し、世界にバレエの種をまいた。

イギリスでは、23〜26年バレエ・リュスに参加し、『牝鹿』や『青列車』などに出演したニネット・ド・ヴァロワが、祖国にバレエ・リュスのようなバレエ団を創りたいという願望を抱いてバレエ学校を開設、英国ロイヤル・バレエの前身となるバレエ団を創設。英国バレエ生みの親で、ロイヤル・バレエを草創期から育てた最大の功労者となった。

戦後、フランスでは、リファール率いるパリ・オペラ座出身のローラン・プティが、オペラ座を退団、自らバレエ団を旗揚げし、振付活動を展開。初期の活動には、バレエ・リュスのブレーンであったボリス・コフノやコクトーが協力。コフノが台本を書いた『旅芸人』はプティの出世作となり、コクトー台本の『若者と死』でプティは名声を確立、以後プティはバレエ・リュスの影響下に止まらず独自の創作の道を極めていった。

一方、同じくフランスを代表する世界的振付家モーリス・ベジャールは、バレエ・リュスと直接つながりがないかに見えるが、バレエ・リュスから生まれたストラヴィンスキーの三大バレエ『火の鳥』『ペトルーシュカ』『春

『ミューズを導くアポロ』（中央＝アポロのリファール）はバランシンの傑作として今日に至るまで踊り継がれている。　©BnF

の祭典』の新版の振付で大成功を収め、『ニジンスキー、神の道化』などニジンスキーに因《ちな》んだ作品も創作している。

なお『春の祭典』は、マシーン、ベジャール以降、ケネス・マクミラン（62年）、ジョン・ノイマイヤー（72年）、ピナ・バウシュ（75年）、ポール・テイラー（80年）、マッツ・エック（84年）、マーサ・グラハム（84年）、アンジュラン・プレルジョカージュ（2001年）など無数の新版を生み、現代の振付家たちに絶えずインスピレーションを与え続けている。

パリ、シャトレ座

バレエ・リュス ゆかりの地を訪ねて

1、パリ、シャトレ座

バレエ・リュス誕生の地。セーヌ河を背にしてシャトレ広場の左側に建つのがシャトレ座、右側がテアトル・ド・ラ・ヴィルである。共に設計者はダヴィウ。1862年、前者はテアトル・アンペリアルの名称で、後者はテアトル・リリックの名称で開場した。シャトレ座の正面はイタリア・ルネサンス様式で、1909年ここでディアギレフ・バレエは初シーズンの幕を開け、たちまちパリを席巻していった。サティとピカソとマシーンによる奇想天外な『パラード』（17年）であっと言わせたのもこの劇場である。それからおよそ80年を経た90年代は、フランクフルト・バレエを率いる鬼才《きさい》ウィリアム・フォーサイスの先鋭的な作品を世界に発信する拠点となった。

一方向かいにあるテアトル・リリックは、1899年劇場の監督となった名女優サラ・ベルナールの名称を冠しサラ・ベルナール劇場と改称。バレエ・リュス最後の傑作と言われるバランシンの名作『ミューズを導くアポロ』（1928年）と『放蕩息子』（29年）はこの劇場で初演された。68年以来、テアトル・ド・ラ・ヴィルと改称され、コンテンポラリー・ダンスや現代演劇のメッカとなり現在に至る。

2、ニジンスキーが眠る パリ、モンマルトル墓地

ニジンスキーは、1950年ロンドンで亡くなるとセントマーリボン墓地に葬られたが、その後リファールによってパリに改葬された。ちょうど数メートル離れた真後ろには、18世紀から19世紀にかけて活躍し、“バレエの神様”と讃えられたオーギュスト・

ニジンスキーのお墓

ヴェストリスが眠っている。ペトルーシュカの彫刻は、2000年9月ペルミのディアギレフ博物館の館長イーゴリ・マハーエフが設置。05年1月遺族の希望がかない、ニジンスキーのお墓にロモラ夫人も合葬《がっそう》された。常にバレエ愛好家やダンサーが訪れ、献《けん》花《か》が絶えることがない。

モンテカルロ歌劇場

3、モンテカルロ歌劇場とディアギレフの胸像

バレエ・リュスは1911年からモンテカルロを本拠に活動した。モンテカルロ歌劇場は、パリ・オペラ座を設計したシャルル・ガルニエの手により1879年完成。この劇場前の広場の一角に、地中海を背にバレエ・リュス主宰者のディアギレフの胸像《きょうぞう》が建っている。モンテカルロ・バレエのみならず世界のバレエの発展を見守る永遠の守り神と言えよう。

4、ヴェネツィア ディアギレフ永眠の地

1929年ヴェネツィアのリドで休暇中のディアギレフは突然この世を去り、世界に衝撃が走った。ディアギレフは、若い頃からこの水の都を訪れているが、ディアギレフ伝によれば、「自分はヴェネツィアで死ぬだろう」という予感を抱いていたという。

墓地は「死者の島」サン・ミケーレ島にあり、ドーム型の独特の形をしているので目につきやすい。すぐ近くにディアギレフに生涯感謝の念を抱いていたストラヴィンスキー夫妻も眠っている。

※撮影は著者

ディアギレフの墓所

ディアギレフの胸像

バレエ・リュス略年譜

1872年	3月31日 セルゲイ・パーヴロヴィチ・ディアギレフ、ノヴゴロドに生まれる
1889年	3月12日 ニジンスキー、キエフに生まれる（生年月日に諸説あり）
1898年	ディアギレフ『芸術世界』発行
1900年	パリ万博
1909年	5月19日 パリ、シャトレ座にてバレエ・リュスの初シーズン フォーキン振付『アルミードの館』『ポロヴェツ人の踊り』〈饗宴〉
1910年	6月5日 第2回パリ・シーズン（パリ・オペラ座） 7月14日 プティパ死去
1911年	バレエ・リュスが永続的なカンパニーとなる
1912年	5月29日 ニジンスキー振付『牧神の午後』初演
1913年	5月15日 シャンゼリゼ劇場でニジンスキー振付『遊戯』、29日『春の祭典』初演 8月南米公演。ニジンスキーがロモラ・ド・プルスキーと結婚、解雇される レオニード・マシーン入団
1914年	フォーキンの復帰／第一次世界大戦勃発
1921年	11月ロンドンでニジンスカ振付『眠れる森の美女』上演（～1922年 2月）
1923年	セルジュ・リファール入団
1924年	ジョージ・バランシン入団
1929年	5月21日 バランシン振付『放蕩息子』初演 8月19日 ディアギレフがヴェネツィアで死去（57歳）

主要作品一覧

振付家	作品名	音楽	美術	初演年
ミハイル・フォーキン（1880～1942）	レ・シルフィード	ショパン	ブノワ	1909
	シェエラザード	リムスキー＝コルサコフ	バクスト	1910
	火の鳥	ストラヴィンスキー	ゴロヴィン	1910
	薔薇の精	ウェーバー/ベルリオーズ編曲	バクスト	1911
	ペトルーシュカ	ストラヴィンスキー	ブノワ	1911
	ダフニスとクロエ	ラヴェル	バクスト	1912
ワツラフ・ニジンスキー（1889～1950）	牧神の午後	ドビュッシー	バクスト	1912
	遊戯	ドビュッシー	バクスト	1913
	春の祭典	ストラヴィンスキー	レーリヒ	1913
	ティル・オイレンシュピーゲル	R・シュトラウス	ジョーンズ	1916
レオニード・マシーン（1895～1979）	パラード	サティ	ピカソ	1917
	風変わりな店	ロッシーニ/レスピーギ編曲	ドラン	1919
	三角帽子	デ・ファリャ	ピカソ	1919
	プルチネッラ	ペルゴレージ/ストラヴィンスキー編曲	ピカソ	1920
ブロニスラワ・ニジンスカ（1891～1972）	結婚	ストラヴィンスキー	ゴンチャロワ	1923
	牝鹿	プーランク	ローランサン	1924
	青列車	ミヨー	装置ローランス 衣裳シャネル 緞帳ピカソ	1924
ジョージ・バランシン（1904～1983）	ナイチンゲールの歌	ストラヴィンスキー	マティス	1925
	ミューズを導くアポロ	ストラヴィンスキー	ボーシャン	1928
	放蕩息子	プロコフィエフ	ルオー	1929

第Ⅳ章 バレエの美神たちの肖像

アンナ・パヴロワ

世界中を魅了した不滅の白鳥

PROFILE

1881年2月12日生（サンクトペテルブルグ）
1931年1月23日没（ハーグ）
活動……帝室マリインスキー劇場、
バレエ・リュス、パヴロワ・バレエ団
代表作…『瀕死の白鳥』『とんぼ』『ジゼル』

■バレエとの出会い

アンナ・パヴロワは『瀕死《ひんし》の白鳥』を初演し、世界にバレエの素晴らしさを伝えた20世紀最大の舞姫である。帝政ロシアの首都サンクトペテルブルグに生まれ、帝室マリインスキー劇場の舞踊学校でバレエを学んだ。母親は洗濯業を営み、父親は農民の兵士だったとされているが、実父はユダヤ人の富豪であるという説が有力である。こうした血筋が、パヴロワの異国的な容貌《ようぼう》から華麗な芸歴に少なからぬ影響を与えているのは確かであろう。

バレエとの出会いは、8歳の時マリインスキー劇場で見たチャイコフスキーの『眠れる森の美女』だった。母親からのクリスマス・プレゼントで、幼いアンナはたちまちバレエの魅力の虜となる。「主役のオーロラ姫を踊りたいの」。プリマ・バレリーナになりたいという決意はこの時芽生えた。パヴロワは、短い自伝を残していて、そこにもバレエに夢中になってしまった様子が記《しる》されている。10歳を迎えた1891年、帝室舞踊学校に入学。それから8年後に卒業し、マリインスキー劇場に群舞のクラスの一つ上のコリフェとして採用される。空気のように軽やかな踊りで既《すで》に傑出した才能を発揮、その後の昇進も順調で、1906年には25歳でプリマ・バレリーナの地位に上った。

この間に踊った作品は、『ラ・バヤデール』のニキヤ、『ジゼル』『パキータ』の各表題役、『海賊』のメドーラ、『ファラオの娘』のアスピチアなど。中でもジゼルは、繊細《せんさい》なパヴロワの最も得意とする役柄の一つで、ロマンティック・バレエの栄光を蘇らせた名演として脚光《きゃっこう》を浴びた。

1908年には念願の『眠れる森の美女』のオーロラ姫を踊り、パヴロワは押しも押されぬ大スターであった。

■『瀕死の白鳥』の誕生

パヴロワが活躍した20世紀初頭は、ロシア・バレエの過渡期の時代であった。

『瀕死の白鳥』 ©兵庫県立芸術文化センター 薄井憲二バレエ・コレクション

半世紀以上にわたって権勢《けんせい》を振るった巨匠プティパが一線を退くと、ミハイル・フォーキンという新たな才能が登場し、バレエの世界にも新風をもたらすようになる。パヴロワの名声を高めた『瀕死の白鳥』はこのフォーキンとの協力により生まれた珠玉《しゅぎょく》のソロ作品である。

初演は1907年12月22日マリインスキー劇場。恵まれない母子のためのチャリティー公演であった。この作品は、サン＝サーンス作曲『動物の謝肉祭』からの一曲に振付けられたもので、ほとんど即興で出来上がったと言われる。パヴロワの『瀕死の白鳥』は、幸いハリウッドで撮られた映像（1925年）に残されているので、パヴロワの芸術と振付技法を検証する上で大きな助けとなる。驚くことにこの作品は、最初から最後まで、ほとんどパ・ド・ブレ（爪先立って移動するステップ）で構成されている。パヴロワの至芸《しげい》は、実にシンプルな動きで、死に行く白鳥のドラマを3分間の中に劇的かつ繊細に凝縮《ぎょうしゅく》した点にあるだろう。現在に至るまで、数多くのバレリーナがこの名作を踊ってきた。ロシアのガリーナ・ウラーノワ、マイヤ・プリセツカヤ、ウリヤーナ・ロパートキナ、フランスのイヴェット・ショヴィレなどの名演に初演者の精神が受け継がれている。

■年200回を超す舞台 大正時代の日本を訪問

パヴロワは、マリインスキー劇場のプリマとして、ディアギレフ率いるバレエ・リュスのパリ公演に参加するが、芸術観などの相違によりまもなく独立。1912年からロンドンのアイヴィ・ハウス（つたの家）に居を定め、翌年から自身のバレエ団を結成、世界各地を巡業し生涯をバレエに捧げる。海外で踊りたいという夢は、自伝によれば、ロマンティック・バレエの名花マリー・タリオーニの外国での活動に触発《しょくはつ》されたためと、初めて外国で踊った1908年ストックホルムで熱烈な歓迎を受けたことが大きな動機となっているようだ。

パヴロワが足跡を残した国々は実に45カ国に上り、ロシアからヨーロッパ、アメリカ、アジア、アフリカ、オーストラリアの全大陸にまたがっている。バレエ・リュスがパリやロンドンなど大都市で公演を行っていたのに対し、パヴロワは、劇場設備の完備されていないような小さな街にも出かけて行って踊った。同行した指揮者の記録によれば、平均して年220回も踊っていたこともあったという。

1922（大正11）年9月に初来日。七週間の間に、東京の帝国劇場を皮切りに横浜、名古屋、大阪、神戸、京都、岡山、広島、博多、門司の全国十都市で公演。日本が初めて迎える世界的舞姫の至芸は行く先々で深い感動と陶酔《とうすい》を呼び起こし、特に『瀕死の白鳥』は画期的《かっきてき》な成功を収めた。ほかに自作の『とんぼ』（15年）や『カリフォルニアの

自作の『とんぼ』(音楽クライスラー)を踊るパヴロワ

罌粟《けし》』(16年)なども人気を博したが、舞踊家としてのみならず女性振付家としての先駆《せんく》的存在であったことも見逃《みのが》せない。日本公演の反響の大きさは、芥川龍之介、山田耕筰、和辻哲郎といった当時の文化人たちの評論などにも伺《うかが》える。歌舞伎の六代目尾上菊五郎が、白鳥が死ぬ瞬間の演技を学ぼうと楽屋に侵入したエピソードは有名だ。パヴロワの来日は、日本の舞踊界を覚醒《かくせい》し、一般のバレエへの関心を高める上で大きな役割を果たしたといえるだろう。

パヴロワは最後の巡業先であるオランダのハーグで生涯を閉じる。最後の言葉は、「白鳥の衣裳を取ってちょうだい」だったと伝えられている。

1921年6月パリ、トロカデロ宮公演プログラム

1922(大正11)年東京帝国劇場公演梗概 ©兵庫県立芸術文化センター 薄井憲二バレエ・コレクション

「舞踊の神」となった伝説の天才舞踊家
ワツラフ・ニジンスキー

PROFILE
１８８９年3月12日（旧露暦2月28日）生（キエフ）
※諸説あり
１９５０年4月8日没（ロンドン）
活動……帝室マリインスキー劇場、バレエ・リュス
代表作…『薔薇の精』『ペトルーシュカ』『牧神の午後』

■伝説生んだ跳躍　両性具有の神秘

「舞踊の神」と言われたニジンスキーが西側で踊ったのは１９０９年から19年までのわずか10年ほどである。だがその名は永遠に伝説となった。超人的な跳躍が語り種《ぐさ》となっている『アルミードの館』や『薔薇の精』、革新的な振付でスキャンダルを巻き起こした『牧神の午後』や『春の祭典』。こうした歴史的舞台の写真やデッサンは残されているが、あいにく映像は残されていない。しかし、写真一枚とっても例えば、『薔薇の精』には女性とも男性とも区別しがたい両性具有の底知れない魅力があり、『牧神の午後』には今にも動き出してきそうな不思議なオーラを感じるのは筆者だけではないだろう。

13年の南米公演の最中に、ブエノスアイレスでロモラ・ド・プルスキーと結婚。ディアギレフの逆鱗《げきりん》に触れ、バレエ・リュスを解雇されてから狂気の淵《ふち》をさまようことになった悲劇的な半生もまたニジンスキーを神格化し、伝説を創り上げる要因となったに違いない。

生年にも諸説あり、これは父のトマス（フォマ）・ニジンスキーと母のエレオノラ・ベレダ共にポーランド人の舞踊家で、巡業中に生まれたからである。１８９８年からサンクトペテルブルグ帝室舞踊学校に学び、１９０７年マリインスキー劇場に入団。父親譲りの抜群の跳躍力で、学生時代から際立《きわだ》った素質を見せる。

ディアギレフに才能を見出され、バレエ・リュスに参加。09年5月開幕のバレエ・リュスの初シーズンでは、フォーキン振付『アルミードの館』の奴隷や『レ・シルフィード』の詩人、『クレオパトラ』の奴隷などを踊り、並外れた跳躍と入魂の演技で、一夜にしてスターとなる。翌10年には、『シェエラザード』の奴隷、『ジゼル』のアルブレヒト、『オリエンタル』のシャムの踊り、11年には、『薔薇の精』『ペトルーシュカ』などを踊って名声を極《きわ》めた。『薔薇の精』の退場で見せた跳躍の高さ、人形ペトルーシュカの迫真の演技が今に

Vaslav Nijinsky

『牧神の午後』を踊るニジンスキー（バクスト画）©兵庫県立芸術文化センター 薄井憲二バレエ・コレクション

『薔薇の精』を踊るニジンスキー　©兵庫県立芸術文化センター　薄井憲二バレエ・コレクション

伝えられている。王子役よりも奴隷や妖精など特異な役柄で本領を発揮できるところにニジンスキーの天才的資質を見出すことができる。ニジンスキーの出現は、バレエの世界に男性舞踊手の時代の到来を告げたのである。

■振付にも革新性『牧神の午後』『春の祭典』

ニジンスキーは、ディアギレフの勧めで振付を始め、4作品を発表。12年に初演したドビュッシー作曲『牧神の午後』は官能的な結末が論争を巻き起こし、13年のストラヴィンスキー作曲『春の祭典』は怒号《どごう》により場内騒然、いずれもスキャンダルが伝説となっている。ニジンスキー自身の舞踊譜が残されている『牧神の午後』を除き、他の作品はしばらく忘れ去られていたが、ミリセント・ホドソンとケネス・アーチャーの尽力により、『春の祭典』『遊戯』『ティル・オイレンシュピーゲル』の3作品が復活。振付の革新性が明らかになるにつれ、振付家としてのニジンスキーの才能が近年再評価されるようになった。

　バレエ・リュスを離れてからは波乱の連続であった。14年に自身の一座を結成しロンドンのパレス劇場で公演するが、まもなく第一次世界大戦が勃発《ぼっぱつ》し、ブダペストの自宅に軟禁。そこで長女キラが誕生する。16年バレエ・リュスに一時復帰し、北米公演で『ティル・オイレンシュピーゲル』を発表。17年ブエノスアイレスでバレエ・リュスと最後に共演した後、赤十字主催のガラ公演でソロを創作（公の場で踊った最後）。19年1月サンモリッツで「狂気と戦争」をテーマに踊るが、精神分裂病の兆候《ちょうこう》を示し、入退院を繰り返す。20年ウィーンで次女タマラ誕生。50年ロンドンで病没、セントマーリボン墓地に埋葬《まいそう》された後、53年パリのモンマルトル墓地に改葬される。

　36年『ニジンスキーの手記』が刊行され、95年フランスで完訳版が刊行された（98年邦訳刊行）。

■現代のニジンスキーたち

　後世、人は卓越《たくえつ》した男性舞踊手が現れるたびに「ニジンスキーの再来」という形容を使うようになる。

　最初に後継者と見なされたのは、バレエ・リュスの最後のスター、セルジュ・リファールである。男性的で端正な体格に恵まれ、『牧神の午後』を改訂し自ら踊った。次いで旧ソ連から亡命した二人の天才ヌレエフとバリシニコフ、官能的なルジマートフ、妖精マラーホフ等々が挙げられる。

　フランスでは、戦後プティの『若者と死』を初演したバビレ。『若者と死』は、コクトー創案による『薔薇の精』の現代版だったのである。バビレは、戦後ロンドンでニジンスキーの前で『牧神の午後』と「青い鳥」を踊り、夫人のロモラから「ワツラフのよう」と称賛されたと語っている。

　パリ・オペラ座では、P・デュポンやルグリ、ル・リッシュなど。ベジャールのバレエの理想の体現者であったドンにもニジンスキーの面影《おもかげ》を重ねることができる。

※モンマルトル墓地の墓石には「１８８９年12月29日キエフ生まれ」と刻まれている。出生証明書によれば１８８９年12月29日（新暦１８９０年１月10日）ワルシャワ生まれ（パリ・オペラ座１９９１年４月ニジンスカ生誕１００年記念の〈ニジンスカ／ニジンスキー〉プロの公演プログラムの記載による。ちなみにオペラ座では、１９８９年11月にニジンスキー生誕１００年を記念して〈ディアギレフ〉プロを上演している）。

ガリーナ・ウラーノワ

ロシアの生んだ偉大なバレエの女神

PROFILE

1910年1月8日生（サンクトペテルブルグ）
1998年3月21日没（モスクワ）
活動……マリインスキー・バレエ、ボリショイ・バレエ
代表作……『ジゼル』『ロミオとジュリエット』
『バフチサライの泉』

■当代最高のジゼル役者

ウラーノワは革命後、マリーナ・セミョーノワと共に、旧ソ連の新時代を象徴する伝説の舞姫である。アンナ・パヴロワが亡くなった後、1930年代から60年まで世界最高の舞姫として名声を博した。海外に出たのは40歳に近づいた頃だったが、56年のロンドン公演はかつてのバレエ・リュス来演以来の熱狂を巻き起こしたと伝えられる。恐らく人々は、ウラーノワの舞台にパヴロワの面影を重ねたのであろう。

幸いにもこの時踊られた『ジゼル』の舞台は映像化されているので、ジゼルという役を生きているかのような不《ふ》世出《せいしゅつ》の名演を偲ぶことができる。パヴロワもジゼルを当たり役としたが、ウラーノワはジゼルに新たな生命を吹き込み、当代最高との誉《ほま》れ高い。パヴロワが得意とした『瀕死の白鳥』も独自の解釈で踊り、名作を現代に継承した。

『ジゼル』（1958年パリ公演プログラム）

父セルゲイ・ウラーノフはマリインスキー劇場の監督、母マリヤ・ロマーノワ

Galina Ulanova

はダンサーというバレエ一家に生まれ育ち、母からバレエの手ほどきを受ける。著作の「バレリーナへの道」(55／77)の記述によれば、初めて見たバレエは、パヴロワと同じ『眠れる森の美女』で、母がリラの精を踊っていたという。

19年国立舞踊学校に入学し、名教師ワガノワに師事。28年卒業と同時に、国立オペラ・バレエ劇場(現在のマリインスキー・バレエ)に入る。40年『ロミオとジュリエット』を踊り、全ソ人民芸術家の称号を得る。44年モスクワのボリショイ劇場へ移籍し、60年に50歳で引退するまでボリショイの至宝として世界に知られた。

ウラーノワの踊ったレパートリーは、ロシア・バレエの歴史そのものと言える。28年の卒業公演で『ショピニアーナ』を踊り、入団後まもなく『白鳥の湖』や『眠れる森の美女』『ジゼル』に主演。古典からソビエト・バレエの一時代を築いた名振付家たちの作品に至るまで幅広いレパートリーを踊り、パヴロワを彷彿とさせる類《たぐ》いまれな叙情性を備えた舞姫として評価を確立した。中でもザハーロフ振付『バフチサライの泉』のマリヤやラヴロフスキー振付『ロミオとジュリエット』のジュリエット、『赤いけし』新版のタオ・ホアなどの名演が名高い。

現役引退後は、ボリショイ劇場で後進の指導に当たり、ニーナ・チモフェーエワ、エカテリーナ・マクシーモワ、リュドミラ・セメニャーカら優秀な教え子を育てた。

現役時代遂に日本の舞台で踊ることはなかったが、56年のロンドン公演の歴史的舞台を記録した『ジゼル』や『ロミオとジュリエット』(54年)の映像や多くの評伝によってその輝かしい足跡を偲ぶことができる。

68年東京バレエ団に『ジゼル』を指導するために初来日。86年のキーロフ・バレエ(現在のマリインスキー・バレエ)の来日公演に同行、『ジゼル』の公開セミナー(出演・森下洋子と清水哲太郎)を開く。伝説の舞姫直伝の指導は、往時の名演の片鱗《へんりん》を見せ大きな感動を呼んだ。

86年キーロフ・バレエと来日時のカーテンコールで　©瀬戸秀美

マーゴ・フォンテーン

永遠のオーロラ姫　英国バレエの至宝

PROFILE
1919年5月18日生（ライゲイト）
1991年2月21日没（パナマシティ）
活動……英国ロイヤル・バレエ
代表作…『眠れる森の美女』
『マルグリットとアルマン（椿姫）』
『ロミオとジュリエット』

■天才舞踊手ヌレエフとの世紀のペアは17年続く

マーゴ・フォンテーンは20世紀英国バレエが生んだ世界的プリマ・バレリーナ。本名はペギー・フーカム。幼少の頃からバレエを学び、少女時代を上海で過ごす。帰国後、1934年サドラーズ・ウェルズ・バレエ学校に入学、まもなく同バレエ団（現在の英国ロイヤル・バレエ）の舞台に出演。翌35年プリマ・バレリーナのアリシア・マルコワが退団すると、次々と大役に抜擢《ばってき》され、『ジゼル』や『白鳥の湖』などの主役を踊る。

39年英国バレエ初の『眠れる森の美女』全幕公演でオーロラ姫を踊り、プリマとしての地位を確立。それ以後、オーロラ姫はフォンテーンの最大の当たり役となり、49年に行われたロイヤル・バレエのアメリカ公演でも大成功を収め、フォンテーンとバレエ団の国際的名声を高めた。56年英国王室から「デイム」の称号を授与されたが、称号にふさわしい優雅さと気品を備えた舞姫であった。

転機となったのは61年に旧ソ連から亡命した天才舞踊手ルドルフ・ヌレエフとの出会いである。フォンテーン42歳、ヌレエフ23歳。バレエ界の風雲児によって新たな生命を灯《とも》された世界のプリマはさらに大輪の花を咲かせることになった。二人の共演は62年に『ジゼル』でペアを組んで以来、79年のフォンテーンの60歳の誕生記念ガラの舞台まで実に17年間にわたって続く。共演したバレエは、『海賊』『白鳥の湖』、アシュトンの『マルグリットとアルマン』、マクミランの『ロミオとジュリエット』、プティの『失楽園』など20数作品に上り、「世紀のカップル」の伝説を生んだ。こうした名演は『白鳥の湖』（64年）や『ロミオとジュリエット』（65年）、『アイ・アム・ア・ダンサー（邦題：華麗なるバレエ）』（72年）などの映像に記録されている。

55年に駐英大使のロベルト・アリアス博士と結婚。59年小牧バレエ団の招きで、マイケル・サムズと初来日して

74年東京バレエ団公演『眠れる森の美女』第3幕よりオーローラ姫を踊るフォンテーン。王子はハインツ・ボスル　©瀬戸秀美

以来たびたび来日。63年にはヌレエフとの来日が話題となった。

フォンテーンが亡くなった日は、奇《く》しくも29年前の62年にロンドンでヌレエフと初めて『ジゼル』を踊った日であった。

著書に「バレエの世界―マーゴ・フォンテーンが語る」「アンナ・パヴロヴァ」などがある。

マイヤ・プリセツカヤ

生涯をバレエに捧げた「闘う白鳥」

■『瀕死の白鳥』を最大の当たり役に

プリセツカヤはウラーノワ引退後のロシア・バレエを代表するのみならず、「世紀の舞姫」として世界的に活躍、一世を風靡した。80歳を超えても美しい舞台姿を保ち続け驚異的な舞踊生命を保ち、生涯を踊りに捧《ささ》げたと言えよう。自伝の『闘う白鳥』（94年出版／96年邦訳出版）のタイトルそのもののように、その舞踊人生は、波乱に満ちた"闘い"の連続だった。

　母ラヒリは無声映画の女優。伯父のアサフ・メッセレル、伯母のスラミフィ・メッセレルはいずれもボリショイ・バレエで活躍という舞踊の名門一族に生まれる。34年モスクワ舞踊学校に入学するが、スターリンの粛正《しゅくせい》により父を失い、母も収容所送りとなるなど過酷な運命の中で、ひたむきにバレエに打ち込んでいった。

　スラミフィに育てられたマイヤは、43年舞踊学校を卒業。ボリショイ劇場のソリストとなると、古典の『白鳥の湖』や『ドン・キホーテ』『バフチサライの泉』（ザレマ）などを踊って成功を収め、たちまちプリマ・バレリーナの地位を確立した。59年のアメリカ公演で『白鳥の湖』を踊り国際的名声を博す。オデット＝オディールは数えきれないほど踊り、十八番《おはこ》の演目《えんもく》に数えられている。

　さらに長い間踊ってきたサン＝サーンス作曲の『瀕死の白鳥』は最大の当たり役として知られ、50年間に2万回以上踊ったと言われる。まだ舞踊学校時代に、スラミフィによって振付けられたもので、パヴロワが踊ったフォーキンのオリジナルとは異なるが、波打つアームスのしなやかさ、凛《りん》としたフォームの中に、忍び寄る死との闘い、生への渇望《かつぼう》を示す独自の境地を描いて、一世一代の名演として語り継がれている。

　アンコールに応えて踊った時も、一度として同じ振付を繰り返すことはなかったという。

PROFILE

1925年11月20日生（モスクワ）
2015年5月2日没（ミュンヘン）
活動……ボリショイ・バレエ、スペイン国立バレエ
代表作…『瀕死の白鳥』『白鳥の湖』『カルメン組曲』

極め付けの『瀕死の白鳥』 ©瀬戸秀美

80歳を過ぎても優雅な舞台姿で魅了。2006年2月〈バレエの美神〉公演で
ベジャール振付『アヴェ・マイヤ』を踊る。 ©瀬戸秀美

■『カルメン組曲』など 新作へのあくなき挑戦

64年ボリショイ劇場の芸術監督にグリゴローヴィチが就任すると、西側の振付家たちとコラボレーションを展開し新たな活路を見出すようになる。67年に苦難の末に上演にこぎ着けたアルベルト・アロンソ振付『カルメン組曲』は、圧倒的な成功を収め、『瀕死の白鳥』と並んでプリセツカヤの代名詞的作品となった。

当初ショスタコーヴィチやハチャトゥリアンに作曲が依頼されたが、実現しなかったため、夫君のシチェドリンがビゼーの音楽をもとに編曲を完成。初演後もたびたび上演が禁止されるという圧力にも屈せず、プリセツカヤは、崇高にして自由奔放なカルメン像を作り上げた。

その後に取り組んだ作品にも、運命と闘う孤高のプリマの姿が反映されたものが少なくない。プティの『バラの死』（73年）、ベジャールの『ボレロ』（75年）、『イサドラ』（76年）などを踊ったほか、シチェドリン作曲『アンナ・カレーニナ』（72年）や『かもめ』（80年）、『小犬をつれた奥さん』（85年）を自ら振付け主演した。

■来日40回の親日家

プリセツカヤの舞台は、常に華やかなオーラに包まれ、熱狂を巻き起こしてきた。日本へは68年東京バレエ団の招きで初来日して以来40回以上来日している親日家。74年同バレエ団の招きで三たび日本を訪れたプリセツカヤは、ボリショイの新鋭アレクサンドル・ゴドゥノフを伴い、『白鳥の湖』全幕のほか、『カルメン組曲』と『瀕死の白鳥』などで極め付けの名演を繰り広げた。79年の第2回世界バレエ・フェスティバルでは、ベジャールの新作『レダ』をジョルジュ・ドンと踊って官能的な美しさで新境地を切り開いた。

女優並みのあでやかな美貌の持ち主で、『アンナ・カレーニナ』（68年）などの劇映画にも出演、ファッション雑誌のモデルとなり、デザイナーのピエール・カルダンと交流するなど華やかな話題にこと欠かなかった。

84年ローマ歌劇場バレエの芸術監督、87〜89年スペイン国立バレエ芸術監督に就任。その後も、ホセ・グラネロ振付『メアリ・スチュアート』（89年来日）、ジジ・カシュレアヌ振付の『シャイヨの狂女』（92年）などの新作に挑戦したほか、ベジャールの『黒塚』（95年）でパトリック・デュポンと共演した。

93年に舞踊生活50周年を記念し、ボリショイ劇場で踊る。２０００年75歳を記念してベジャールから『アヴェ・マイヤ』を献呈《けんてい》され、08年3月には京都の世界遺産、上賀茂神社でも優雅な舞姿を披露した。同年83歳の誕生日にワルシャワでこの作品を踊ったのがラスト・パフォーマンスとなった。

20世紀イタリアが生んだロマンティック・バレリーナ

カルラ・フラッチ

フラッチの十八番『ジゼル』(76年第1回 世界バレエ・フェスティバル) ©瀬戸秀美

PROFILE

1936年8月20日生(ミラノ)
活動……ミラノ・スカラ座バレエ
代表作…『ジゼル』『ラ・シルフィード』

■タリオーニの再来　ヌレエフとの出会い

フラッチは、バレエ発祥の地イタリアが生んだ世界的プリマである。『ジゼル』『ラ・シルフィード』『パ・ド・カトル』などロマンティック・バレエを踊って名声を博し、タリオーニの再来と言われた。

１９４６年ミラノ・スカラ座バレエ学校に入学し、ヴォルコワらに師事。54年同校卒業後、スカラ座バレエに入り、翌55年デビュー、58年プリマ・バレリーナとなる。67〜72年にはＡＢＴのプリンシパル・ゲスト・アーティストとして活躍した。

『ジゼル』の表題役は、58年ロンドン・フェスティバル・バレエで初めて踊って以来、最大の当たり役となった。エリック・ブルーンやルドルフ・ヌレエフとしばしばペアを組み、その名演は映像にも記録されている。

初来日は、76年の第1回世界バレエ・フェスティバルで、十八番の『ジゼル』全幕を踊ったほか、ガラ公演では『ラ・シルフィード』をボルトルッツィと踊った。当時「世界三大プリマ」と言われたフォンテーン、アロンソ、プリセツカヤが妍を競う中で、フラッチ演じるシルフィードは、ロマンティック時代のリトグラフから抜け出てきたように純真《じゅんしん》可憐《かれん》であった。

この時見逃したフラッチのジゼルの舞台に接することができたのは、81年夏のニューヨークだった。ヌレエフとミラノ・スカラ座バレエとの組み合わせである。はかない妖精そのもののフラッチはまさに理想のジゼルであった。一転してヌレエフ版『ロミオとジュリエット』では、ヌレエフとの情熱デュエットの連続に酔いしれた。当夜はフラッチのことを娘のように慈《いつく》しんだ名花フォンテーンがジュリエットの母、キャピュレット夫人を演じ、メトロポリタン歌劇場は深い感動に包まれた。

90年12月には、ミラノ・スカラ座でクランコ版『ロミオとジュリエット』を踊って健在ぶりを示す。２０００年の第9回世界バレエ・フェスティバルに出演し、『イサドラ・ダンカン』を踊る。この作品は、ダンカンの振付を97年にホドソンとアーチャーが復元し『運命のダンス』として構成したもので、03年ボルドーで開かれたヌレエフ没後10周年記念公演や07年1月横浜で開かれた大野一雄百歳の年ガラ公演〈百花繚乱〉などでも披露されている。

夫君のベッペ・メネガッティ制作のテレビ映画『バレリーナたち』（84年）に出演したほか、ボルトルッツィ主演の『ニジンスキー』（75年）とハーバート・ロス監督『ニジンスキー』（80年）でカルサヴィナを演じるなど映画界でも広く活躍した。

90年代以降、イタリア各地のバレエ団の監督を務め、バレエ界の重鎮《じゅうちん》である（90〜91年ナポリのサンカルロ劇場、96〜97年アレーナ・ディ・ヴェローナ、２０００年ミラノ・スカラ座、２０００〜２０１０年ローマ歌劇場）。

"男性舞踊手の時代"をリードした天才舞踊手

ルドルフ・ヌレエフ

■シベリアの汽車の中で誕生 電撃亡命で世界へ躍り出る

20世紀を駆け抜けるように世界を股にかけて活躍した世紀の天才ダンサー、ヌレエフ。その人生は誕生の時から伝説を生むにふさわしいものだった。シベリアのバイカル湖畔《こはん》のイルクーツクの近くを走る、ウラジオストック行きの汽車の中で生まれたというのが定説であるが、最近の調査では、地理的に矛盾があり、出生証明書とパスポートの記載が異なっていることなどが指摘され、出生地は正確に分かっていない。ともあれ、汽車の中で生まれたという人生の幕開けは、世界各地の劇場に偉大な足跡を残すことになるバレエ界の王者の運命を予言するかのようである。

両親はタタール人。バシキール共和国のウファで育つ。幼少期から踊りへの情熱をつのらせ、6歳の頃、バレエ『コウノトリの歌』を見て踊り手になることを決意。フォークダンスやバレエを習い、ウファ歌劇場に入団。1955年レニングラードのワガノワ舞踊学校（現在のワガノワ・バレエ・アカデミー）に編入し、名教師プーシキンに師事。めきめきと才能を現し、58年モスクワ・バレエ・コンクールで『海賊』を踊って優勝。翌59年キーロフ・バレエ団にソリストとして入団し、『ローレンシア』で名花ドジンスカヤのパートナーを務めたほか、『ドン・キホーテ』『ジゼル』『ラ・バヤデール』などで次々と主役を踊る。

61年5月キーロフ・バレエのパリ公演に参加。当時23歳。パリ・オペラ座で『ラ・バヤデール』の「影の王国」に出演して西側にデビューした。その豪快にして野性的な踊りは、「豹《ひょう》のよう」と称賛を浴び、観客はこの若き天才にニジンスキーの姿を重ねた。『ラ・バヤデール』とは縁があり、30年後にヌレエフ自身が手がける最後の制作もこの作品となる。

一行が次の公演地ロンドンへ出発する際、ただ一人帰国を命じられたヌレ

PROFILE

1938年3月17日生（バイカル湖近くを走行中のウラジオストック行きの汽車の中）

1993年1月6日没（パリ）

活動……キーロフ・バレエ（現在のマリインスキー・バレエ）、英国ロイヤル・バレエ、ウィーン・国立バレエ、パリ・オペラ座

代表作…『海賊』『ドン・キホーテ』『ジゼル』『白鳥の湖』『マルグリットとアルマン（椿姫）』『さすらう若者の歌』

84年ウィーン国立歌劇場バレエ団と来日。『眠れる森の美女』を森下洋子と踊る。©瀬戸秀美

エフは自由を求めて西側に亡命。この電撃的亡命は、米ソの冷戦時代に決行されたことで、バレエ界の事件に止まらず、国際政治の上でも大きなニュースとして世界を駆け巡った。

亡命直後は、ソ連との外交関係を重視したパリ・オペラ座とは契約がならず、ド・クエヴァス侯のバレエ団と契約、『眠れる森の美女』で亡命後初の舞台を踏む。

■フォンテーンとの伝説のペア 名演『マルグリットとアルマン』

亡命後のヌレエフの運命を変えたのは、英国の誇る名花フォンテーンとのパートナーシップである。二人は、62年2月にロンドンで『ジゼル』で共演して以来、フォンテーンが引退するまで17年間にわたって世紀のペアを組み、一世を風靡。『海賊』のグラン・パ・ド・ドゥをはじめ、アシュトン振付『マルグリットとアルマン（椿姫）』（63年）やマクミラン振付『ロミオとジュリエット』（65年）など数々の名演を残した。

63年には、フォンテーンと初来日。『海賊』や『黒鳥』のグラン・パ・ド・ドゥなどを踊り、新時代のスターとして脚光を浴びた。その後、ヌレエフはしばらく日本を訪れず、日本のファンは映画を通して絶頂期の活躍を知る。フォンテーンとウィーン国立歌劇場バレエとの『白鳥の湖』や『アイ・アム・ア・ダンサー（邦題：華麗なるバレエ）』、オーストラリア・バレエとの『ドン・キホーテ』などで、スクリーンから跳び出すような勢いで踊るヌレエフの活躍ぶりは、まさに男性舞踊手の時代の到来を実感させるものだった。

再来日したのは20年後の83年。45歳という年齢にも拘らず、森下洋子を相手に『ジゼル』と『白鳥の湖』で気品ある舞台姿を披露。森下とは76年ＡＢＴのワシントン公演の際、『海賊』で共演して以来、たびたびペアを組み、名パートナーシップを築く。

81年にミラノ・スカラ座とニューヨーク公演を行った時は、フラッチを相手に『ジゼル』と『ロミオとジュリエット』で熱演を見せ、メトロポリタン歌劇場は興奮の坩堝《るつぼ》と化した。

最盛期には年２００回以上踊ったこともあるという挑戦意欲は古典以外にも広がり、プティの名作『若者と死』（65年）をジャンメールと共演したほか、ベジャール振付『さすらう若者の歌』（71年）をボルトルッツィと初演した実績がバレエ史に刻まれる。

■豪華絢爛な大作続々と オペラ座に黄金時代到来

ヌレエフは、舞台でスーパースターとして活躍したのみならず、世界各国のバレエ団で古典バレエの新版を振付け、古典に現代の息吹《いぶき》をもたらした改革者としても高く評価されている。

83年パリ・オペラ座の舞踊監督に就任。6年間の在任期間中に、『ライモンダ』（83年）、『ロミオとジュリエット』（84年）、『白鳥の湖』（84年）、『くるみ割

84年の来日公演にてベジャール振付『さすらう若者の歌』を踊る。©瀬戸秀美

り人形』（85年）、『シンデレラ』（86年）、『眠れる森の美女』（89年）など次々に大作を上演し、今日のオペラ座のレパートリーの重要な基盤を作った。絢爛豪華な舞台美術に、男性舞踊手や群舞に至るまで、技巧の見せ場を増やした制作は重厚《じゅうこう》で、祖国ロシアで、フランス出身の巨匠プティパが完成した19世紀古典バレエに、20世紀の新たな艶《つや》と輝きをもたらした。プティパと誕生日が近いこともあり、フランスでは、「20世紀のプティパ」にたとえられることもあった。

ヌレエフの監督時代は、シルヴィ・ギエムやイザベル・ゲラン、ローラン・イレール、マニュエル・ルグリといった気鋭《きえい》のエトワールたちを生み、バレエ団の水準を世界的なものに高めた。オペラ座に20世紀半ばのリファール時代以来の黄金時代をもたらしたヌレエフの功績はあまりにも偉大である。

病を押してオペラ座のために制作した『ラ・バヤデール』が92年10月8日に初演されて3ヶ月後にこの世を去る。公演当日両脇を抱きかかえられるようにしてカーテンコールに登場したのが公の場に姿を見せた最後であった。今はパリ南郊外サント・ジュヌヴィエーヴ・デ・ボワのロシア人墓地に静かに眠っている。

ヌレエフは、ペレストロイカの政策のおかげで、87年11月亡命後26年ぶりに祖国に一時帰国。それから2年後の89年11月再び帰国し、キーロフ劇場で『ラ・シルフィード』を踊っている。

2013年はヌレエフの没後20周年と生誕75周年を記念し、世界各地で追《つい》悼《とう》公演が開催され、その偉業は永久に忘れられることはないだろう。

ベジャール振付『ボレロ』を踊るドン。 ©瀬戸秀美

ジョルジュ・ドン

『ボレロ』と共に不滅の軌跡

PROFILE

１９４７年２月28日生（ブエノスアイレス）
１９９２年11月30日没（ローザンヌ）
活動……20世紀バレエ団（87年よりモーリス・ベジャール・バレエ団と改称）
代表作…『ボレロ』『アダージェット』『ニジンスキー、神の道化』

■『愛と哀しみのボレロ』で人気が一躍大ブレイク

ベジャール・バレエの最大の体現者ジョルジュ・ドン。ドンの名は、ベジャールがラヴェルの音楽に振付けた傑作『ボレロ』と共に不滅である。ドンの名前が一躍世界に知られるようになったのは、1981年に映画『愛と哀しみのボレロ』が封切られてからで、大河ドラマのフィナーレにドンがパリのエッフェル塔をバックに踊る『ボレロ』は迫力満点。バレエになじみのない多くの人を感動させ、世界的なブームを巻き起こした。

『ボレロ』は60年初演当初から、女性が中心部のメロディを踊っていたが、79年にドンがメロディを踊って以来、彼のために創られた作品であるかのようなイメージが定着。ベジャールをして、「ドン−異教の神か、それとも地球最後の生き残りか？」（「ベジャール自伝」より）と感嘆《かんたん》させた。

ドンが日本で最初に『ボレロ』を踊ったのは、79年第2回の世界バレエ・フェスティバルの際で、当時は彼のソロだった。その後、映画が空前のヒットとなり、東京バレエ団との共演で全国縦断ツアーが行われるほどの熱狂を呼び起こした。

ドンの本名はホルヘ・ラウル・イトヴィッチ・ドン。7歳の時、テアトロ・コロン付属の舞踊学校でバレエを始める。63年20世紀バレエ団の公演を見て衝撃を受け、16歳で単身ブリュッセルに渡る。20世紀バレエ団に入団するや、ベジャールの主要作品で活躍するようになる。80年20世紀バレエ団の芸術監督に就任した。

幸運にもドンの『ボレロ』は何回か見る機会に恵まれたが、ドンならではの神々《こうごう》しいカリスマ性に毎回感動を新たにしたのを思い出す。冒頭の神秘的な手のゆらめきから、最後に周囲のリズムを飲み込むように燃え尽きるラストに至るまで息もつかせない。

最後に見た舞台は、90年12月バレエ・リュスゆかりのパリ、シャンゼリゼ劇場で初演されたベジャールの新作『ニジンスキー、神の道化』であった。女優のシペ・リンコフスキーとの共演による二人芝居は、まさにドン＝ニジンスキーの世界。ベジャールとドンの才気が幸福な化学反応を起こした感動の舞台だった。

代表作は『第九交響曲』『白鳥』『ロミオとジュリエット』『現在のためのミサ』『ニジンスキー、神の道化』『我々のファウスト』『アダージェット』『魔笛』『ディオニソス』など多数。

ベジャールに創作のインスピレーションを与えたドンは、45歳の若さで天に召《め》された。あまりにもはかない舞踊人生は、バレエ・リュスのニジンスキーを想起させる。ニジンスキーの舞踊が永遠に伝説として語り継がれるのと同じように、ドンもまた「現代のニジンスキー」として私たちの心の奥に強烈なイメージを刻み続けるであろう。

ミハイル・バリシニコフ

永遠のアイドル"ミーシャ"

■亡命後世界のアイドルに

バリシニコフは、キーロフ・バレエ時代に、69、71年と来日したが、その舞台を記憶している人は幸運である。

12歳でリガ舞踊学校に学び、64年レニングラード舞踊学校（現在のワガノワ・バレエ・アカデミー）で、名教師プーシキンに3年間師事。66年18歳でキーロフ・バレエ団（現在のマリインスキー・バレエ）にソリストとして入団。第3回ヴァルナ国際バレエ・コンクールのジュニア部門で金賞を受賞したのに続いて、69年第1回モスクワ国際バレエ・コンクールで金賞受賞という快挙を成し遂げる。

74年カナダで亡命。『ジゼル』をナタリヤ・マカロワと共演して以来、ABTを中心に活動。小柄ながらロシア仕込みの超絶技巧とチャーミングな魅力で、またたくまに世界バレエ界のアイドルとなる。バリシニコフのために『スペードの女王』（78年）を創作した巨匠プティが、その才能をヴァイオリンの名器ストラディヴァリウスにたとえたのは有名な話である。

78年に一時NYCBに移籍するが、80年ABTに復帰し10年間芸術監督を務める。86年アメリカに帰化。ABTでは、『ジゼル』（80年）や『白鳥の湖』（88年）の新版を発表。86年にABTの小編成のグループと来日し、サープ振付『シナトラ組曲』などに出演、これが日本での15年ぶりの舞台となった。

■映画や現代バレエでも活躍

最盛期の当たり役・演目は『ドン・キホーテ』のバジルや『ジゼル』のアルブレヒト、トワイラ・サープ振付『プッシュ・カムズ・トゥ・ショヴ』（76年）など。映画『愛と喝采の日々』（77年）や『ホワイト・ナイツ』（85年）をはじめ舞台でも活躍した。『ホワイト・ナイツ』では、ソ連からアメリカに亡命したダンサー、コーリャという自らの人生を地で行く役どころ。冒頭でプティの名作『若者と死』を熱演、タップ

PROFILE

1948年1月27日生（旧ラトビア共和国リガ）
活動……キーロフ・バレエ（現在のマリインスキー・バレエ）、ABT
代表作…『ドン・キホーテ』『ジゼル』『アザー・ダンシズ』

ダンスの名手グレゴリー・ハインズの前で11回ものピルエットを平然とこなし、達者なタップダンスを披露するなど、ダンサーおよび俳優としての魅力が遺憾《いかん》なく発揮された。ミーシャの魅力で、ドンの『愛と哀しみのボレロ』に続いて、一般のダンス熱を盛り上げることとなった。

ＡＢＴを離れてからは、90年～2002年、コンテンポラリー・ダンスのマーク・モリスと「ホワイト・オーク・ダンス・プロジェクト」を結成し活動、アメリカのポップ・カルチャーへの傾倒を強めていく。

50歳を前にした97年には、パリ・シャトレ座でベジャール振付のソロ『ピアノ・バー』を踊り、パリ郊外のボビニーでソロ公演も行う。60歳が近づいた2007年には、鬼才エック振付『プレイス』をエック夫人のラグーナと共演。15年、ニジンスキーの手記を基にしたロバート・ウィルソン演出の舞台作品に出演し、健在ぶりを印象づけた。

『ペルゴレージ』(ホワイト・オーク・ダンス・プロジェクト公演)　©瀬戸秀美

シルヴィ・ギエム

奇跡を成し遂げた孤高のエトワール

PROFILE
1965年2月25日生（パリ）
活動……パリ・オペラ座バレエ、英国ロイヤル・バレエ
代表作…『グラン・パ・クラシック』『白鳥の湖』『ドン・キホーテ』『マノン』『ボレロ』

■体操からバレエへ転向 19歳でエトワールに

シルヴィ・ギエムは、従来の型にはまらない新しいヴィジョンをバレエにもたらした偉大なエトワールである。常に妥協せず進化を目指す姿勢は、孤高のエトワールと称するにふさわしい。

その経歴からしてユニークで、母親が体操の教師だった縁で、幼い頃は国立スポーツ学院で体操のオリンピック選手を目指していた。12歳の時体操の研修先のパリ・オペラ座バレエ学校で、校長のクロード・ベッシーに才能を見出され、バレエに転向。1977年からオペラ座バレエ学校に学び、81年オペラ座バレエに入団。同年のバレエ学校の日本公演で初来日、『二羽の鳩』ほかを踊って大器の片鱗を垣間《かいま》見せた。

83年ヴァルナ国際バレエ・コンクールで優秀賞、特別賞、金賞の三冠を獲得し、世界のトップに立つ。翌84年プルミエール・ダンスーズに昇格した5日後の12月29日『白鳥の湖』を踊って若干19歳の若さで、舞踊監督のヌレエフからエトワールに任命された。

この華々しい昇進劇からわずか5年後の89年、24歳になったギエムは、ダンサーならば誰もが憧《あこが》れるオペラ座のエトワールの地位を捨て、隣国ロンドンのロイヤル・バレエに移籍してしまう。当然ながらフランスのメディアは大騒ぎで「国家的損失」と書き立てた。

以降、ロンドンを拠点に自らの意志で踊りたい作品を選んで活動。二十代にして「世紀のプリマ」ともてはやされ、名声を極めていく。

■伝説の『グラン・パ・クラシック』

戦後のパリ・オペラ座では、女王イヴェット・ショヴィレが活躍した後、ノエラ・ポントワが一世を風靡。その最盛期が過ぎる頃、交替に彗星《すいせい》の如《ごと》く登場したのがギエムであった。

ギエムの最大の武器は、まれにみる身体能力である。体操で鍛えられた並外れた柔軟性と強靭《きょうじん》さに加え、重力から解き放たれた軽やかさで、回転から跳躍、バランスに至るまで、自由自

『ドン・キホーテ』第1幕より（1998年5月パリ・オペラ座）©MOATTI/SIPA/amanaimages

在のテクニックを駆使《くし》することができた。脚を１８０度に上げたポーズは「6時のポジション」と命名され、これに追随《ついずい》するダンサーたちが後を絶たなかった。但《ただ》し、卓越した技巧をアクロバットのレベルに止めず、高い芸術性へと昇華させたのはまさに「現代の奇跡」と呼ぶにふさわしい。

若き日のギエムの十八番とも言うべき演目が、オベール曲、グゾフスキー振付の『グラン・パ・クラシック』である。その名も華やかなこのパ・ド・ドゥは、往年の名花ショヴィレが49年に初演したもので、この偉大なエトワールから直伝された技巧とエレガンスはフランス・バレエの精華《せいか》。80年代にマニュエル・ルグリと世界各地でこの作品を踊っているが、日本でも二人の神業《かみわざ》的ステージが伝説となっている。

■挑戦と進化のステージ 日本での人気は圧倒的

英国ロイヤル・バレエのゲスト・プリンシパルとなってからは、巨匠アシュトンの『田園の出来事』やマクミランの『マノン』『ロミオとジュリエット』など英国の演劇バレエの傑作を新たなレパートリーに加え、ドラマティックな表現力をより深めていく。

90年にパトリック・デュポンがパリ・オペラ座の舞踊監督に就任して以来、オペラ座にたびたび復帰。デュポンとの白熱の『ドン・キホーテ』（90年）をはじめ、ローラン・イレールとの『白鳥の湖』『マノン』『ロミオとジュリエット』における情熱溢れる共演、ル・リッシュとの『ドン・キホーテ』や『白鳥の湖』の究極のデュエット等々枚挙《まいきょ》にいとまがない。

２０００年には、アシュトンが、フォ

ンテーンとヌレエフのために振付けた『マルグリットとアルマン（椿姫）』をロンドンで復活させたが、ここでもル・リッシュとの共演が、伝説の「黄金ペア」の再来を思わせた。

ギエムが踊った珍しい作品では、94年にシャンゼリゼ劇場に来演したマリインスキー・バレエとの『バフチサライの泉』がある。ザレマに扮したギエムは独壇場の魅力で辺《あた》りを払う勢いがあった。

振付への挑戦も話題となった。98年フィンランド国立バレエで『ジゼル』の振付・演出を手がける。もともとギエムのジゼルは、極力シンプルな解釈に定評があったが、自身の読み直しでは、演技重視で、本物の村が出現したかのようなリアリティを与えたのが注目された。

ギエムを「ET」にたとえたベジャールから『ムーヴマン・リズム・エチュード』（85年）を捧《ささ》げられて以来、『シシイ』や『ラシーヌ・キュービック』を初演。名作『ボレロ』は数えきれないほど踊ってギエムの代名詞ともなった。

ほかに英国の鬼才ラッセル・マリファントの『ブロークン・フォール』（2003年）やアクラム・カーンの『聖なる怪物たち』（06年）、ロベール・ルパージュとマリファントによる『エオンナガタ』（09年）、エックの『バイ（アジュー）』（10年）、フォーサイスの『リアレイ』（11年）などコンテンポラリー作品でも、独自の境地を切り開いた。

日本での人気は圧倒的で、来日は40回を超える。50歳を迎えた15年に引退を表明、〈ライフ・イン・プログレス〉と銘打った世界ツアーを行う。同年「高松宮殿下記念世界文化賞」を受賞した。

『ラ・バヤデール』第3幕より、シルヴィ・ギエムとローラン・イレール（1994年5月パリ・オペラ座）　©MOATTI/SIPA/amanaimages

第V章

20世紀バレエの巨匠たち

NYCBとプロットレス・バレエの生みの親

ジョージ・バランシン

1904年 1月22日生（サンクトペテルブルグ）
1983年 4月30日没（ニューヨーク）

略歴：本名はゲオルギ・メリトノヴィチ・バランチヴァーゼ、父はジョージア（グルジア）の著名な作曲家。13年帝室舞踊学校入学。20年国立アカデミー・オペラ・バレエ劇場（現在のマリインスキー劇場）に入る。24年ロシアを離れ、ディアギレフ率いるバレエ・リュスに参加。34年スクール・オブ・アメリカン・バレエ（SAB）開校、アメリカン・バレエ設立。48年ニューヨーク・シティ・バレエ（NYCB）を創立、振付活動を続ける。生涯に4度結婚（23年タマーラ・ジェーワ／38年ヴェラ・ゾーリナ／46年マリア・トールチーフ／52年タナキル・ルクレール）。

「バレエは目で見る音楽である」とは、バランシン・バレエを語るキーワードである。バランシンが、作曲のストラヴィンスキー、美術のピカソと並び20世紀の三大芸術家と言われるのは、19世紀のプティパのバレエに見られるような物語を排《はい》して、筋のないプロットレス・バレエのジャンルを確立したことによる。

　ボディ・ラインがくっきりと見えるシンプルなレオタード。スピーディーで躍動感溢れる動きからは、音楽が溢れ出てくるようで、これが「音楽を奏《かな》でるダンス」と形容される所以《ゆえん》である。ロシアでプティパやフォーキンの伝統の中で育ったバランシンは、バレエ・リュスの近代バレエの洗礼を受け、自由の国アメリカで、時流に沿った新しいダンスを創始。バランシン・スタイルはアメリカにしっかり根を下ろし、今や20世紀の古典として世界のバレエ団で踊られるようになった。

　バランシンは、作曲家であった父の影響で、もともと音楽の素養があり、1920年に16歳で初の振付作品『夜』（音楽ルビンシテイン）を発表するなど若くして振付の才能を発揮。

　バレエ・リュスで才能を開花させ、10作品を振付けるが、ストラヴィンスキー作曲『ミューズを率いるアポロ』（28年）やプロコフィエフ作曲『放蕩息子』（29年）は現在に踊り継がれる近代バレエの傑作《けっさく》である。

　29年にディアギレフが急死し、バレエ・リュスが解散すると、バランシンはパリ・オペラ座からベートーヴェンの『プロメテウスの創造物』の振付を依頼されるが、病気で中断。替わりにリファールが作品を完成させ、オペラ座のメートル・ド・バレエの地位を手に入れる。もしここでバランシンがオペラ座と契約していたら、世界のバレエ事情はどうなっていただろうか。ともあれこの出来事が分岐点となり、バランシンはアメリカで大成《たいせい》する。

George Balanchine

NYCBの『シンフォニー・イン・C』 ©瀬戸秀美

生涯に振付けた作品は400以上に上る。そのうち約半数がバレエで、残りはオペラやミュージカル、レビュー、映画などに振付けられたもので実に多彩である。

アメリカで初めて発表した『セレナーデ』(35年)は、チャイコフスキーの『弦楽のためのセレナーデ』に振付けられ、スピーディーで流麗なアンサンブルはバランシン・バレエの真髄《しんずい》。プロットレスとはいえ、レッスン中の出来事をさりげなく取り入れたり、『ジゼル』のウィリや天使を想起させる幻想的なシーンもあり、見る者の想像力を刺激する。

チャイコフスキーの音楽に振付けた名作は、スピーディーな技巧をちりばめた珠玉の『チャイコフスキー・パ・ド・ドゥ』(60年)、プティパの古典バレエへのオマージュ『テーマとヴァリエーション』(47年)、ピアノの響きとダンスが共鳴し合う『アレグロ・ブリランテ』(56年)、全幕ものの『くるみ割り人形』(54年)等々数多い。

ストラヴィンスキーとは、バレエ・リュス時代の25年に『ナイチンゲールの歌』を皮切りに交流が始まり、アメリカでは、NYCB創立のきっかけとなった『オルフェウス』(48年)、『アゴン』(57年)、『ヴァイオリン・コンチェルト』(72年)など膨大《ぼうだい》な数の作品を生んでいる。

バランシンゆかりの三つの国に捧げた『ジュエルズ』(67年)は、フォーレ、ストラヴィンスキー、チャイコフスキーの音楽に振付けられ、各国のコントラストを鮮《あざ》やかに描出《びょうしゅつ》。ヒンデミット曲『四つの気質』(46年)、ビゼー曲『シンフォニー・イン・C』(47年『水晶宮』のタイトルで初演)から、メンデルスゾーン曲『真夏の夜の夢』(62年)など代表作は枚挙にいとまがない。

「バレエは女性」を信条に、4人の夫人からスザンヌ・ファレルに至るまで多くのミューズのために作品を振付けたのも「ミスター・B」ことバランシンの伝説の一部になっている。

英国バレエ草創期の功労者

フレデリック・アシュトン

1904年 9月17日生（南米エクアドル、グアヤキル）
1988年 8月18日没（ロンドン）

略歴：両親は英国人。レオニード・マシーンとマリー・ランベールに師事。28年パリのイダ・ルビンシテイン・カンパニーに参加。31年からヴィック・ウェルズ・バレエ（英国ロイヤル・バレエの前身）で振付を手がけ、35年同カンパニーの専属振付家、46年首席振付家。63〜70年英国ロイヤル・バレエの芸術監督。

アシュトンは、ニネット・ド・ヴァロワと共に英国バレエの基礎を固めた功労者の一人。その作風は英国一流のユーモアと叙情性に富み、誰にも分かりやすいバレエ作品を多数振付けた結果、「バレエのシェイクスピア」と形容されている。

1917年13歳の時、ペルーのリマ市でアンナ・パヴロワの舞台を見たのを機にバレエを志《こころざ》す。英国に帰国後、レオニード・マシーンとマリー・ランベールの下でバレエを学ぶ。26年ランベールの依頼で初めて振付を手がけ、『ファッションの悲劇』を発表。28年にパリでイダ・ルビンシテインのカンパニーに参加、ニジンスカの影響を受ける。

35年ド・ヴァロワ率いるヴィック・ウェルズ・バレエの専属振付家となって以来、35年間にわたって振付家および芸術監督として活躍、自身のスタイルを確立していく。

生涯に振付けた作品はおよそ80本。最大の傑作に、英国人初の全幕バレエとなったファンタジー溢れる『シンデレラ』（音楽プロコフィエフ、48年初演）や、コミカルな田園劇が生き生きと描かれた※『ラ・フィーユ・マル・ガルデ（リーズの結婚）』（音楽エロルド、60年初演）などがある。

前者では、シンデレラの二人の義理の姉を男性舞踊手（初演はアシュトンとヘルプマン）が演じ、後者では主役のリーズの母親シモーヌをやはり男性が演じるなど、英国のパントマイム芝居の伝統を取り入れた演出が人気を博した。

ツルゲーネフの戯曲を基にした詩情豊かな『田園の出来事』（音楽ショパン、76年）も名作として名高い。

名花マーゴ・フォンテーンのために、35年ストラヴィンスキー作曲『妖精の接吻』、ラヴェル作曲『ダフニスとクロエ』（51年）、ヘンツェ作曲『オ

英国ロイヤル・バレエ『リーズの結婚』中央＝コーラを演じるスティーヴン・マックレー　©瀬戸秀美

ンディーヌ』（58年）など数多くの作品を作り、その魅力を引き出した。リスト作曲『マルグリットとアルマン（椿姫）』（63年）はフォンテーンとヌレエフの世紀のカップルの伝説を作り上げた傑作である。『ダフニスとクロエ』は、バレエ・リュスへのオマージュであり、ニジンスカからの影響が見出せるのが興味深い。

　メンデルスゾーン作曲『真夏の夜の夢』（64年）は、シェイクスピア生誕400年記念に、アントワネット・シブレーとアンソニー・ダウエルという名カップルのために創作。ラフマニノフ作曲『ラプソディ』（80年）は、英国女王の80歳を祝して、バリシニコフ主演で初演され、その超絶技巧がいかんなく発揮された。これがアシュトン最後の振付作品となった。

　アシュトン生誕100年に当たる2004年は、NY、パリ、ロンドンで記念公演が開催され、アシュトンのバレエは英国バレエの貴重な遺産として今日に至るまで世界各国で踊り継がれている。

※『ラ・フィーユ・マル・ガルデ』：フランス語で「La Fille Mal Gardée」＝わがままな娘。
　オリジナルは、1789年、フランス革命前夜にフランスのボルドーで初演された。アシュトンは、同じ台本を基に、新たな音楽構成と振付で名版を生んだ。

現代の心理バレエの巨匠

アントニー・チューダー

1908年 4月 4日生(ロンドン)
1987年 4月19日没(ニューヨーク)

略歴:19歳の時、マリー・ランベールの下でバレエを始める。ランベール率いるバレエ・クラブで振付を開始、31年第1作の『クロス・ガータード』で脚光を浴びる。36年の『リラの園』と37年の『暗い悲歌』で名声を確立。39年ニューヨークに渡り、バレエ・シアター(現在のABT)に迎えられ、数々の作品を提供。74〜80年ABT芸術監督、80年名誉振付家の称号を与えられる。

チューダーは、アンナ・パヴロワやバレエ・リュスの舞台に影響を受ける。バレエを始めたのは遅かったが、ランベールに振付の才能を見出され、振付家としてデビュー。ランベールは、バレエ・リュスでニジンスキーの『春の祭典』の振付に協力した舞踊家で、ド・ヴァロワと並んで英国バレエの黎明《れいめい》期を担った人物である。

26歳の時に、ショーソンの『詩曲』に振付けた『リラの園』を発表したのに続いて、マーラーの『亡き子を偲ぶ歌』による『暗い悲歌』で名声を博す。

その後は、発足したばかりのアメリカン・バレエ・シアターを中心に活動。1942年、シェーンベルクの『浄夜』に振付けた『火の柱』が大成功を収め、主役のヘイガーを演じたノラ・ケイは一夜にしてスターとなった。ケイは、ドラマティックな女優バレリーナで、チューダーのミューズとして『ガラ・パフォーマンス』や『暗い悲歌』『ロミオとジュリエット』など主要作品で活躍した。

『火の柱』と『リラの園』はチューダーの最高傑作であるばかりか20世紀バレエの傑作として踊り継がれている。以降、ABTのために『ロミオとジュリエット』(音楽ディーリアス、43年)、『底流』(音楽シューマン、45年)、『葉は色あせて』(音楽ドヴォルザーク、75年)などを、ロイヤル・バレエのために『シャドウプレイ』(音楽ケックラン、67年)などを振付けている。

チューダーのバレエは、『リラの園』では主人公カロラインの恋人との惜別《せきべつ》を描き、『暗い悲歌』は子を失った悲しみの輪舞《りんぶ》で、『火の柱』は三人姉妹の真ん中のヘイガーの焦燥《しょうそう》と絶望をテーマにするなど、見て楽しいバレエとは趣を異にしている。しかし、登場人物たちの心理あるいは心のひだを描くことにかけては先駆的で、人間への鋭い洞《どう》察《さつ》と視線が反映されている点に独自

チューダーの傑作『火の柱』1946年ABT公演（ロイヤル・オペラハウス）中央左＝姉（ルシア・チェイス）、右＝ヘイガー（ノラ・ケイ）
©ROYAL ACADEMY OF DANCE/ArenaPAL/amanaimages

性がある。チューダー自身は、自分の作品を「心理的バレエ」と呼ばれるのを嫌い、「人間について何かを語ってみたい」と創作の動機を述べている。

　チューダーのバレエでは、常に音楽があたかもそのバレエ作品のために作曲されたかのように響く。バランシンのバレエから音楽が見えてきたとすれば、チューダーのバレエは、音楽に物語や主人公たちの心情を語らせることができた点で画期的であった。物語性の薄い『葉は色あせて』のような作品でも弦楽四重奏のノスタルジー溢れる音楽に、一人の女性の過ぎし日の思い出を蘇らせる手腕は実に見事である。

　51年から20年間ジュリアード音楽院のバレエ部門の主任教授を務めた。教え子の中には、ヴッパタール舞踊団を率いたピナ・バウシュがいるが、チューダーの心理バレエが後世の振付家たちに与えた影響は計《はか》り知れない。

　54年小牧バレエ団の招きで初来日し、『リラの園』を上演。この時、婚約者の過去の女性の役を演じた太刀川瑠璃子によって、65年、チューダー特別公演が行われ、これを機にスターダンサーズ・バレエ団が誕生。以来、バレエ団はチューダー作品の紹介に務め、2015年のバレエ団創立50周年記念公演でも特集が組まれ、『リラの園』と『火の柱』『コンティニュオ』など6作品が上演された。

詩情とウィットで一世を風靡

ジェローム・ロビンズ

1918年 10月11日生（ニューヨーク）
1998年 7月29日没（ニューヨーク）

略歴：本名ジェローム・ラビノヴィッツ。両親はユダヤ系。大学卒業後、バレエからモダンダンスまで様々なダンスを学ぶ。40年バレエ・シアター（後のABT）に参加。48年ニューヨーク・シティ・バレエ（NYCB）に入団、ダンサーおよび振付家、共同監督。58年バレエUSA結成。69年NYCBに復帰。83年バランシン没後、マーティンスと共に芸術監督。90年〈ロビンズ・フェスティバル〉を機に退団。

ニューヨーク生まれのロビンズは、まさにアメリカの自由を象徴するようにバレエとミュージカルの世界を縦《じゅう》横《おう》に行き来し、20世紀を駆け抜けた天才振付家の一人である。

ABTでフォーキン、マシーン、デ・ミル、チューダーなどの作品を踊り、44年に三人の水兵の休暇の一こまを描いた『ファンシー・フリー』（音楽バーンスタイン）を振付けて成功。この作品は、後にミュージカル『オン・ザ・タウン』（45年）に翻案され、ジーン・ケリーとフランク・シナトラ主演で映画化（邦題『踊る大紐育（ニューヨーク）』49年）される。

NYCBに移籍してからは、バランシンの『放蕩息子』や『ティル・オイレンシュピーゲル』などでダンサーとして活躍しながら、振付家として手腕を発揮、バランシンと共にバレエ団を支えた。

同時にブロードウェイ・ミュージカルの世界の寵児《ちょうじ》となり、『王様と私』（51年。56年映画化）や『ピーター・パン』（55年）、『ウェスト・サイド・ストーリー』（57年。60年映画化）、『屋根の上のバイオリン弾き』（64年）、『ジェローム・ロビンズのブロードウェイ』（89年）など数々のヒット作を生んだ。

ロビンズのバレエは、バランシンとチューダーの中間を行くように、たとえプロットレス・バレエであっても詩情やユーモアを漂《ただよ》わせ、娯楽性に富んだ作品で見る者を楽しませる。

しかし、作品に対しては完全主義者と言われ、数多くの作品を提供しているパリ・オペラ座バレエでも、理想的なキャストを選ぶために、間際《まぎわ》まで配役を発表しない姿勢を貫いた。

ショパン・シリーズとして知られるのは、古典バレエのパロディで抱腹絶倒《ほうふくぜっとう》の『コンサート』（56年）をはじめ、10人のダンサーの清々《すがすが》しい小群舞『ダンシズ・アット・ア・ギャザリング』

『ウエスト・サイド・ストーリー組曲』NYCB公演　©瀬戸秀美

（69年）、3組のカップルが夜空の下に集《つど》う叙情的な『イン・ザ・ナイト』（70年）、マカロワとバリシニコフのために振付けた珠玉のパ・ド・ドゥ『アザー・ダンシズ』（76年）などで、巨匠ならではの才気をきらめかせている。

そのほか、ストラヴィンスキー曲の『檻』（51年）では雄が雌の餌食《えじき》となる自然の生態を描き、『ムーヴズ』（59年）では無音の中でダンサー自身が音を刻むという異色の世界を生んだ。

ニジンスキーの名版を稽古場のダンサーのパ・ド・ドゥに置き換えたナルシスティックな『牧神の午後』（53年）、グラスのミニマル音楽の中で展開される『グラス・ピーシズ』（83年）、バリシニコフのために振付けた『舞踊組曲』（94年）、ミュージカルのダイジェスト版『ウェスト・サイド・ストーリー組曲』（95年）など、その自在な作風は時を超えて感動を呼んでいる。

軽妙洒脱なパリのエスプリ　舞台の魔術師

ローラン・プティ

1924年 1月13日生（パリ郊外ヴィルモンブル）
2011年 7月10日没（ジュネーヴ）

略歴：父エドモンは地元でカフェを営む。母はイタリア人のローズ・レペット（バレエ用品メーカー「レペット」を創業）。33年パリ・オペラ座バレエ学校入学。40年パリ・オペラ座バレエ入団。42年サル・プレイエルで作品を発表。44年パリ解放と同時にパリ・オペラ座を退団。45年シャンゼリゼ・バレエ団結成。48年パリ・バレエ団結成。52年からハリウッドで映画を製作。54年ジジ・ジャンメールと結婚。65年20年ぶりにパリ・オペラ座に復帰し、『ノートルダム・ド・パリ』を振付ける。72年マルセイユ・バレエ団（81年国立マルセイユ・ローラン・プティ・バレエ団と改称）の芸術監督に就任。98年ジュネーヴに居を移す。

■すべては『若者と死』の大成功から始まった

ローラン・プティの作品は世界中で生き続けている…プティの公式サイトの扉にはこう記されている。振付作品の総数176本。バレエからミュージカル、映画、レビューまで実に多彩だ。プティは、ベジャールと並び、20世紀フランスの生んだ最高の振付家だが、両者の作風は驚くほど異なっている。ベジャールが、オペラやシンフォニーのような前衛的なスペクタクル路線を主流としたのに対し、プティは、文学作品やフランス音楽に触発された軽妙洒脱《けいみょうしゃだつ》なバレエを多数創作。パリ・オペラ座出身というアカデミックな経歴を背景に、バレエ・リュスのブレーンであったボリス・コフノやジャン・コクトーの協力を仰《あお》いでデビューした後、フランス的な文芸作品やパリのエスプリに富んだ作品で自身の作風を確立し、半世紀以上にわたって活躍した。

プティが振付を開始したのは18歳の頃で、映画『白鳥の死』（1936年）で有名な天才少女ジャニーヌ・シャラとリサイタルを開く。20歳の時、自由を求めてオペラ座を退団。45年3月ソーゲ作曲『旅芸人』を、6月コスマ作曲『ル・ランデヴー』を発表し、この成功によりシャンゼリゼ・バレエ団を旗揚げする。

翌46年に初演した『若者と死』は画期的な成功を収め、プティの名を一気に高めた。コクトーが、ニジンスキーとカルサヴィナの『薔薇《ばら》の精』の現代版を、我らがニジンスキー、ジャン・バビレのために創ろうと着想したことから作品が生まれ、若者を演じたバビレの名演は今に語り継がれている。

音楽はJ・S・バッハの『パッサカリア』。わずか17分ほどの短編ながら、わびしい屋根裏部屋で恋人を待っていた若者が、訪れた恋人に翻弄《ほんろう》された末に捨てられ、首を吊って自殺するという

『若者と死』より
マリ＝クロード・ピエトラガラとニコラ・ル・リッシュ（1996年10月パリ・オペラ座）

狂おしい物語に、「ファム・ファタール（宿命の女）」や死を美化した滅《ほろ》びの美学などプティの作風を決定づける要素が様々に見出せる。若者が自殺した後、背景の壁が上昇すると、エッフェル塔が輝いたパリの夜景が見渡せるラスト・シーンは、悲劇を忘れさせるほど美しい。煙草《たばこ》を吸うなど日常的な仕《し》草《ぐさ》を織り交ぜながら、若者の緊迫した状況に迫る手法は、今から70年も前の作品とは思えないほど斬新に映る。

この作品は、初演から20年ほどはバビレの独壇場であったが、その後ヌレエフ、バリシニコフ、P・デュポン、ル・リッシュなど世界の名だたるスターたちが挑戦してきた。

■マルセイユ・バレエとの四半世紀にわたる蜜月

49年、ビゼー作曲『カルメン』をロンドンで初演。カルメンを演じたジジ・ジャンメールの魅力に加え、バレエに初めて寝室の場面を取り入れた新鮮なアイディアはセンセーションを巻き起こす。52年からはハリウッドで映画を製作。65年パリ・オペラ座でジャール作曲『ノートルダム・ド・パリ』を上演、20年ぶりに復帰した舞台でプティ自身がカジモドに扮した。この成功で70年オペラ座の舞踊監督に任命

『コッペリア』自らコッペリウスに扮したプティとスワニルダのカルフーニ　©瀬戸秀美

されるが、わずか半年で辞任する。

シャンゼリゼ・バレエ団、ハリウッドでの活動を経て、最盛期を築いたのは72年から26年間にわたって本拠地とした南仏マルセイユ・バレエ団である。これまで上演が難しかった大作の上演が可能になり、プティの名声を国際的に高めた。92年にはマルセイユ国立高等舞踊学校も併設《へいせつ》される。

プティ自身が小粋《こいき》なコッペリウスに扮したドリーブ作曲『コッペリア』（75年）は最も人気の高いバレエの一つ。美女に心を奪われた青年の狂気の世界を描いた『アルルの女』（音楽ビゼー、74年）、フランスの文豪プルーストの長編小説による『プルースト―失われた時を求めて』（音楽フランク、サン＝サーンスほか、74年）、喜劇の傑作『こうもり』（音楽J・シュトラウスII世、79年）、年老いた教師の破滅を描いた『嘆《なげ》きの天使』（音楽コンスタン、85年）など傑作は枚挙にいとまがない。

■ジジからカルフーニまで華麗な「ミューズ」たち

『若者と死』のバビレ、『カルメン』のジジ…。プティの「ミューズ」となったスターは、フォンテーン、ヌレエフ、プリセツカヤ、バリシニコフ、アレッサンドラ・フェリ等々数知れない。

中でも最大のミューズは、愛妻ジジである。ボーイッシュで小悪魔的な魅力に、「フランス一」と言われた脚線美で、『カルメン』に代表されるプティ・バレエのシンボルとなった。『ジジ・ジュテーム』（70年）では、歌って踊るジジの魅力が全開された。

マルセイユ・バレエでは、ドミニク・カルフーニやドゥニ・ガニオ、ルイジ・ボニーノ、ルシア・ラカッラなどがプティの主要な作品で大活躍。とりわけカルフーニはジジに次ぐミューズとして、『マ・パヴロワ』（86年）を捧げられ、あでやかな美しさでプティのバレエの真髄を伝えた。

プティとゆかりの深いパリ・オペラ座では、ル・リッシュが、『ノートルダム・ド・パリ』や『若者と死』で名声を博し、『クラヴィーゴ』（音楽ヤール、99年）を初演している。

98年『〝白鳥の湖〟と呪い』（音楽チャイコフスキー）を初演した後、プティはジュネーヴに居を移す。２００４年3月、80歳を迎えたのを機に、パリ近郊のシュレーヌで〈創作の道を語る〉と題した作品の回顧的公演を開催。プティが亡くなる直前の11年4月周防正行監督、草刈民代主演の映画『ダンシング・チャップリン』（２０１０年）が公開された。

日本では、牧阿佐美バレヱ団が『デューク・エリントン・バレエ』や『ピンク・フロイド・バレエ』など、新国立劇場バレエ団が『コッペリア』と『こうもり』を、Kバレエカンパニーが『カルメン』などを上演している。

20世紀に「バレエの時代」を告げた巨匠

モーリス・ベジャール

1927年　1月　1日生（マルセイユ）
2007年 11月22日没（ローザンヌ）

略歴：本名はモーリス・ベルジェ。父は哲学者のガストン・ベルジェ。34年母ジェルメーヌ死去。41年マルセイユでダンスのレッスンを開始。46年パリで、マダム・ルーザンヌ、エゴロワ、スターツに師事。50年クルベリ・バレエ団に参加。54年パリでエトワール・バレエ団結成、55年出世作『孤独な男のためのシンフォニー』発表。59年モネ王立劇場で『春の祭典』を初演、この成功により、60年20世紀バレエ団結成。70年バレエ学校ムードラ創立。87年ブリュッセルからスイスのローザンヌに本拠を移し、バレエ団をベジャール・バレエ・ローザンヌ（モーリス・ベジャール・バレエ団）と改称し再編成。99年「京都賞」受賞。ベジャール亡き後、バレエ団はジル・ロマンに率いられ、現在に至る。

■壮大な宇宙にまたがる革新性

モーリス・ベジャールは、ローラン・プティと並んで、20世紀フランスが生んだ最高の振付家である。「20世紀はバレエの時代」と高らかに宣言し、率いたバレエ団は、その名も20世紀バレエ団。パリ・オペラ座育ちのプティがフランス的な作品を数多く創り出したのに対し、ベジャールの創作世界は、ヨーロッパから中東、アフリカ、インド、ロシア、アジアといった世界規模の文化や哲学にまたがり、時代を超えて世界を旅させるような不思議な誘惑に満ちていた。60年以上の長きにわたって革新的な創作活動を繰り広げ、オペラ、演劇も含め生涯に振付けた作品はおよそ250に及ぶ。舞踊と音楽と美術が一体となった総合芸術としてのスペクタクルはあまりにも壮大で、舞踊史に偉大な足跡を残した。

幼い頃から妹たちとお芝居に興《きょう》じるのが好きで、演出に興味を示す。ベジャールの姓は、亡くなった母の旧姓を受け継いだ芸名で、モリエール時代に活躍した名優の姓とも同じ。父は哲学者で、ベジャールのバレエには、父の未来学の影響や亡き母の思い出などがしばしば反映されていく。

振付家としてデビューした当時の『孤独な男のためのシンフォニー』（1955年）は、アンリとシェフェールのミュージック・コンクレートを使った前衛作品で、今日見ても斬新に映るが、当時はあまり賛同を得られず、ベジャールは活動の場を隣国ベルギーに求める。59年にブリュッセルの王立モネ劇場で上演したストラヴィンスキー曲『春の祭典』が大成功を収めたのを機に、翌年20世紀バレエ団が誕生する。当初、モネ劇場からは、リファールや天才舞踊家のジャニーヌ・シャラなどにオファーがあったという

『春の祭典』（2006年ベジャール・バレエ団による「愛、それはダンス」より）　©瀬戸秀美

が、二人とも断り、ベジャールに白羽《しらは》の矢が立ったもの。これがバレエ史の転換点となり、もしこの時ベジャールが行かなかったら、バレエの歴史は若干違う方向へ進んだかもしれない。

■20世紀バレエ団の黄金時代

ブリュッセルを本拠に構えたベジャールは次々と新作を発表し、時代の寵児となった。

『ボレロ』（60年）に続いて、ベートーヴェンの『第九交響曲』（64年）やベルリオーズ作曲『ロミオとジュリエット』（66年）のような大作を上演。通常の劇場ではなく、大観衆を集められるサーカス会場で公演し、広い観客層にアピールすることに成功した。ベジャールの作品は時に哲学的な側面をもちながら、『春の祭典』や『ボレロ』のように、人類の根源にある官能性や祝祭性で見る者を引き込む強烈なインパクトがあった。

以後、インド音楽のエキゾティスム漂う『バクチ』（68年）、バッハとアルゼンチン・タンゴでゲーテの世界を蘇らせた『我々のファウスト』（75年）、ニーチェとワグナーの出会いを創造した『ディオニソス』（84年）など大作を次々と発表。90年には、ベルリン国立歌劇場バレエのために、ワグナーの『ニーベルングの指環《ゆびわ》』を超大作バレエに仕上げるなど、前人未到《ぜんじんみとう》の試みが話題を巻き起こした。

ストラヴィンスキーのバレエは、『春の祭典』に続いて、『火の鳥』（70年）、『ペトルーシュカ』（77年）を創作し、三大バレエを完結させた。

80年には、『春の祭典』から『ボレロ』に至る10数作品の名場面をメドレーにした『ベジャールのすべて（エロス・タナトス）』を発表。この作品の原題が意味する「愛と死」のテーマは、その後もベジャールのバレエにしばしば登場する。それは、幼少期に母を亡くし、60年に20世紀バレエ団を旗揚げした直後に父も交通事故で急死、さらにはジョルジュ・ドンなど最愛の近親者たちに次々と先立たれた体験と無関係ではないだろう。

97年に発表された『バレエ・フォー・ライフ』は、クイーンとモーツァルトの音楽により、若くして世を去ったフレディ・マーキュリーとドンに捧げられたものだ。ベジャールは、最後を「ショー・マスト・ゴー・オン」で締めくくり、未来への希望を託すことも忘れてはいなかった。ドンは、ベジャール・バレエ最大の体現者で、男性優位の時代を牽引《けんいん》した。

ベジャールが世界的スターたちに捧げた作品には、例えばヌレエフとボルトルッツィの『さすらう若者の歌』（71年）、プリセツカヤの『イサドラ』（76年）と『レダ』（78年）、ハイデとノイマイヤーの『椅子』（81年）、パトリック・デュポンの『サロメ』（85年）、ギエムの『シシイ』（93年）および『ラシーヌ・キュービック』（98年）、バリシニコフの『ピアノ・バー』（97年）などがある。また森下洋子とドンのためにヴィヴァルディの音楽による『ライト』（81年）を創作している。

２００２年若いダンサーのためのカンパニーMを創立。04年に最初のカンパニー結成から50周年を迎える。07年、80歳を迎えたのを機に、『80分間世界一周』の振付を開始するが、創作中に死去、遺作はジル・ロマンによって仕上げられ、12月20日に初演された。舞踊を通して世界を旅したベジャールの人生の集大成とも言えた。

■日本とのゆかり深い親日家

ベジャールのバレエが日本で初めて紹介されたのは、59年に来日したジャニーヌ・シャラ・バレエ団公演の『高電圧』（56年）である。超自然の力を持つ魔女が登場する異色のバレエで、

『第九交響曲』フィナーレ。初演50周年記念、メータ指揮イスラエル・フィルの演奏で、
東京バレエ団とモーリス・ベジャール・バレエ団が共演した感動の一大イベント。
（2014年11月8日NHKホール）　©瀬戸秀美

この作品のインパクトは後々まで語り種になった。

　バレエ団の初来日は、20世紀バレエ団時代の67年に遡る。81年にルルーシュ監督の映画『愛と哀しみのボレロ』が封切られて以来、人気は白熱する一方で来日を重ねた。

　日本文化に造詣《ぞうけい》の深かったベジャールは、東京バレエ団のために、歌舞伎の『仮名手本忠臣蔵』を基にした『ザ・カブキ』（86年）や三島由紀夫に触発された『M』（93年）をいずれも黛敏郎の音楽により創作している。同バレエ団では、傑作『ボレロ』をはじめ数々のベジャール作品を上演。創立50年を迎えた14年には、ベジャール・バレエと合同で『第九交響曲』を再演、翌15年ヨーロッパ・ツアーを成功させた。

　自伝『他者の人生の中での一瞬』（79年）から『若いダンサーへの手紙』（2001年）まで著書も多数ある。

……珠玉の物語バレエは“シュツットガルトの奇跡”を生む……

ジョン・クランコ

1927年 8月15日生（南ア、ルステンブルク）
1973年 6月26日没

略歴：ケープタウンでバレエを習う。カプシュタット大学で舞踊について学ぶ。46年サドラーズ・ウェルズ・ロイヤル・バレエ・スクール（現在のロイヤル・バレエ・スクール）に留学。まもなくサドラーズ・ウェルズ・オペラ・バレエに入団。50年サドラーズ・ウェルズ・シアター・バレエ団の常任振付家。61年シュツットガルト・バレエの芸術監督就任。69年初のアメリカ公演。73年アメリカ公演の帰途、機中で帰らぬ人となる。

物語バレエの天才と言われるジョン・クランコは早くから振付を手がけ、1942年ケープタウンで『兵士の物語』を発表。18歳の時、アフリカを離れてロンドンへ行って研鑽を積み、50年サドラーズ・ウェルズ・シアター・バレエ団の常任振付家となる。51年サドラーズ・ウェルズ・バレエに『パイナップル・ポール』を、55年パリ・オペラ座のために『美しきエレーヌ』を振付けるが、あまりチャンスに恵まれなかった。

60年シュツットガルト・バレエにブリテン作曲『パゴダの王子』を振付ける。この成功により、翌61年シュツットガルトの芸術監督に就任。振付作品が次々に成功を収め、わずか10年のうちにエジンバラ、パリ、ニューヨークを制覇する。中でも69年に訪れたバレエ王国ニューヨークでの圧倒的な成功が“シュツットガルトの奇跡”を決定的にした。

シュツットガルトで振付けた作品は50近い。とりわけプロコフィエフ作曲『ロミオとジュリエット』（62年）、スカルラッティ作曲『じゃじゃ馬馴らし』（65年）、チャイコフスキー作曲『オネーギン』（69年）はクランコの三大傑作として不動の地位を保っている。それは、物語を極力シンプルに凝縮し、言葉以上に雄弁《ゆうべん》にダンスで物語を語らせることができるからにほかならない。

例えば、『オネーギン』は、チャイコフスキーのオペラの『エウゲニ・オネーギン』からの楽曲を一つも使わず、チャイコフスキーの別の楽曲に振付けられているが、あたかもクランコのバレエのために作曲されたかのように思えるほど音楽と振付が見事に一致している。流れるようなステップで綴《つづ》られたパ・ド・ドゥにも定評があり、タチヤーナとオネーギンの鏡のパ・ド・ドゥや最後の手紙のパ・ド・ドゥは、この部分だけ独立してしばしば上演される。

シュツットガルト・バレエの『オネーギン』第3幕よりタチヤーナ（アリシア・アマトリアン）とオネーギン（イリ・イェリネク）©瀬戸秀美

ブラジル出身のマリシア・ハイデは、"女優バレリーナ"としてクランコ最大のミューズとして活躍、ほかにリチャード・クラガン、ビルギット・カイル、エゴン・マドセンといった俊英《しゅんえい》たちが一時代を築いた。72年の『イニシャルR.B.M.E.』（音楽ブラームス）はこの4人のために創られた作品である。

悲劇的結末で終わる『白鳥の湖』（63年）は、後世のヌレエフ版などに影響を与え、グラズノフ作曲『ボリショイに捧ぐ』（64年）やヴィエニアフスキ作曲『伝説』（72年）などパ・ド・ドゥの秀作に見られる、音楽性とダイナミックなリフトの技巧は、弟子のノイマイヤーらにも受け継がれている。

クランコは73年アメリカ公演の帰途《きと》、機中で帰らぬ人となる。ノイマイヤーはマーラーの『交響曲第3番』より第4楽章「夜」のトリオのパート（74年）を、盟友マクミランはフォーレ作曲の『レクイエム』（76年）をクランコの霊に捧げた。

英国の演劇バレエの伝統を確立

ケネス・マクミラン

1929年 12月11日生（スコットランド、ダンファームリン）
1992年 10月29日没（ロンドン）

略歴：29年サドラーズ・ウェルズ・バレエ学校入学。46年サドラーズ・ウェルズ劇場バレエ入団。55〜66年英国ロイヤル・バレエの振付家（62年〜常任振付家）。66〜69年旧西ベルリン・ドイツ・オペラ・バレエ監督。70〜77年英国ロイヤル・バレエの芸術監督および専属振付家、77〜92年首席振付家。84〜89年ABTの芸術顧問。89〜92年ヒューストン・バレエの芸術顧問。

マクミランは、ピーター・ライトやジョン・クランコ、ピーター・ダレルとほぼ同世代に当たり、アシュトンの後の英国バレエを牽引した巨匠である。

生涯に70本近いバレエを創作し、シェイクスピア原作の悲劇の名版『ロミオとジュリエット』（音楽プロコフィエフ、1965年初演）から、ショスタコーヴィチのピアノ協奏曲第2番に振付けた『コンチェルト』（66年）、ジョップリンのラグタイム・ミュージックに作曲した『エリート・シンコペーションズ』（74年）に至るまで作風は実に幅広い。

とりわけ世の中から疎外《そがい》された人物の苦悩や狂気に光を当てるなど、演劇的バレエに、従来にない心理ドラマとしての重厚さを加えた点で大きな功績を残した。

2009年に評伝が出版されたが、その人生は波乱に満ちたものだった。幼い頃の戦争体験や10代で父母を亡くすという不幸な出来事が作品に何らかの影響を与えていると言われている。ド・ヴァロワに認められ、サドラーズ・ウェルズ劇場バレエに入団するが、舞台恐怖症に苦しむ。ダンサーから振付家へ転身するが、その後も苦難がつきまとった。

『ダンセズ・コンセルタンテス』（音楽ストラヴィンスキー、55年）で注目されて以来、リン・シーモア主演による『インヴィテーション』（60年）を発表、初の全幕バレエ『ロミオとジュリエット』（65年）がフォンテーンとヌレエフの主演で成功を収める。

しばらくベルリンで活動した後、アシュトンの後を継ぎ、ロイヤル・バレエを本拠に活動。メロドラマの大作『マノン』（74年）や心中事件の実話を題材にした『うたかたの恋（マイヤーリング）』（音楽リスト、78年）、戦没者を追悼した『グローリア』（音楽プーランク、80年）、アレッサンドラ・フェ

ABTの『マノン』第1幕より寝室のパ・ド・ドゥ。マノン（ジュリー・ケント）とデ・グリュー（ロベルト・ボッレ）©瀬戸秀美

リ主演の『影の谷』（83年）などを発表する。

『マノン』は、マスネの同名のオペラではなく、マスネの別の楽曲に振付けられたもので、主役のマノンとデ・グリューの悲恋がドラマティックに描かれ、『ロミオとジュリエット』と並んでマクミランの最高傑作として世界各地のバレエ団で上演されている。

89年のダーシー・バッセル主演『パゴダの王子』（音楽ブリテン）は最後の大作となり、91年にはチェーホフの戯曲に基づく『三人姉妹』（音楽チャイコフスキー）を初演。マクミランは、『うたかたの恋』の上演中に楽屋で亡くなり、その舞踊人生は最期まで劇的であった。

その不遇の時代に手を差し伸べたのは、シュツットガルト・バレエのクランコであった。マーラーの交響曲に振付けられた『大地の歌』（65年）は同バレエ団初演。フォーレ作曲の『レクイエム』（76年）は、亡きクランコに捧げられている。

日本では、小林紀子バレエ・シアターがマクミラン作品をしばしば上演し、紹介に努めている。

……壮大なスペクタクルを演出する世界バレエ界のリーダー……

ジョン・ノイマイヤー

1942年 2月24日生（ミルウォーキー）

略歴：地元でバレエを始める。62〜63年英国ロイヤル・バレエ・スクールに留学。コペンハーゲンでヴェラ・ヴォルコワに師事。ミルウォーキーのマルケット大学で英文学および演劇学を学ぶ。63年シュツットガルト・バレエに入団。69年フランクフルト・バレエ芸術監督。73年ハンブルク・バレエの芸術監督および首席振付家に就任し現在に至る。75年より毎年シーズン最後に「ハンブルク・バレエ週間」を開催。2015年「京都賞」受賞。

■ハンブルク・バレエでの40年におよぶ創作の軌跡

2013年はノイマイヤーのハンブルク・バレエ芸術監督就任40周年の記念の年であった。就任したのは若干31歳の時。この間創作した作品数は150を超え、スペクタクル性に富んだスケールの大きな作風は、20世紀バレエの巨匠ベジャールの後継者と呼ばれるにふさわしく、名実ともに世界バレエ界を牽引していくリーダーに位置づけられている。

作品のテーマは、古典バレエの名作の読み直しから、シェイクスピアなどの文学に基づいたバレエ、マーラーやバッハのシンフォニック・バレエ、バレエ・リュスを讃《たた》えたバレエに至るまで実に多彩。振付家としての非凡さは、音楽あるいは物語の原作を創作のよりどころとし、微細な感情表現を盛り込んだ瞑想的な手法にあるだろう。例えば、『椿姫』や『ロミオとジュリエット』など物語バレエの傑作を例にとると、いずれも原作に立ち返り、主人公たちの心理描写に深く切り込みながら、愛の悲劇を描き出す。作風は重層的で、見る者の知的好奇心を大きく揺さぶる。

作風は多岐にわたっているが、大体《だいたい》次のように大別される。

1、古典バレエの現代的読み直し

『くるみ割り人形』（74年）、『幻想〜"白鳥の湖"のように』（76年）、『眠れる森の美女』（78年）、『ジゼル』（83／2000年）、『シルヴィア』（97年パリ・オペラ座）

2、文芸バレエ

シェイクスピア：『ロミオとジュリエット』（74年）、『真夏の夜の夢』（77年）、『オテロ』（85年）、『お気に召すまま』（85年）、『ハムレット』（97年）

その他：『椿姫』（78年ハイデとシュツットガルト・バレエ）、『アーサー王伝説』（82年）、『欲望という名の電車』（83年ハイデとシュツットガルト・バレエ）、『ペール・ギュント』（89年）、

86年広島で『マタイ受難曲』を上演。自らキリストに扮した。 ©瀬戸秀美

『ウンディーネ』（94年）、『オデュッセイア』（95年）、『人魚姫』（2005年デンマーク・ロイヤル・バレエ）、『リリオム』（11年）、『タチヤーナ』（14年）

3、交響曲などに触発された作品

バッハ『マタイ受難曲』（81年）、『マニフィカト』（87年パリ・オペラ座）、一連の『マーラー交響曲』、マーラー『大地の歌』（2015年パリ・オペラ座）

4、バレエ・リュスおよびニジンスキーへのオマージュ

『ワツラフ』（79年パトリック・デュポン主演）、『ダフニスとクロエ』（85年）、『ニジンスキー』（2000年）、『ヴェニスに死す』（03年）、『アルミードの館』（09年バレエ・リュス100周年）

■珠玉の名作『椿姫』から野心作の『タチヤーナ』

ノイマイヤーの作品は、バランシンのバレエと同様に世界のバレエ団のレパートリーに定着している。例えば、名作『椿姫』は、ドイツ国内はもとより、パリ・オペラ座、ABTなどのレパートリーとなり、14年にはボリショイ・バレエ団でも初演された。今後も世界のバレエ団で広く上演されることだろう。

この作品は、ショパンのピアノ協奏曲やピアノ・ソナタなどで構成され、限りなくロマンティックな雰囲気を醸《じょう》成《せい》。3つの幕それぞれに主役のマルグリットとアルマンのパ・ド・ドゥがあり、驚異的なリフトの技術を盛り込みながら、劇的な高揚《こうよう》を生む手腕は見事としか言いようがない。

最近作の一つ『タチヤーナ』は、シュツットガルト時代の恩師クランコの『オネーギン』を、音楽も新たに読み直した野心作で、40年を超す創作活動の集大成の感があった。

シンフォニック・バレエの代表作は、75年33歳の時に振付けたマーラーの『交響曲第3番』。第4楽章「夜」は、故クランコへの追悼。とりわけ第5楽章「天使」と第6楽章「愛が私に語りかけるもの」はノイマイヤー作品の中で最も天上的な美を誇る名場面である。

マーラー『大地の歌』は、マクミラン版の初演から50年目の15年、パリ・オペラ座で初演。夢想の世界を描いた舞踊詩で新生面を切り開いた。

ノイマイヤーは、東京バレエ団のために『月に寄せる七つの俳句』（89年）と『時節（とき）の色』（2000年）を振付けている。

ハンブルク・バレエ学校（78年創立）からは多くの優秀な日本人ダンサーが卒業。2011年に立ち上げた「ナショナル・ユース・バレエ」には、菅井円加（12年ローザンヌ・コンクール優勝）らが参加している。

ハンブルク・バレエの初来日は86年。広島公演の『マタイ受難曲』で、振付家自身がキリストの役で出演したのが記念すべき舞台として記憶されている。

『マタイ受難曲』。中央はノイマイヤー。 ©瀬戸秀美

2014年パリ・オペラ座日本公演『椿姫』第2幕よりマルグリット(イザベル・シアラヴォラ)とアルマン(マチュー・ガニオ)
©瀬戸秀美

北欧スウェーデンの生んだ鬼才

マッツ・エック

1945年 4月18日生(スウェーデン、マルメ)

略歴：父はベルイマン映画の俳優アンデルシュ・エック、母は名作『令嬢ジュリー』や『ロミオとジュリエット』の振付で知られる名振付家ビルギット・クルベリ、兄はダンサーのニクラス・エックという芸術一家に育つ。演劇を学んだ後ダンスに転向。72年クルベリ・バレエに入団。77年から母クルベリと共同で、85〜93年は単独で芸術監督。93年から首席振付家となり、世界各国で幅広く活動。

「北欧バレエの母」クルベリを母に持ち、幼い頃から演劇とダンスに親しむ環境にあったエックが振付家の道を歩むのは自然なことだったかもしれない。最初は、演劇に引かれ、21歳の時発表した初の舞台作品は、日本の能から着想した『景清』であったという。

ストックホルムのマリオネット劇場などで演出を手がけるが、やがてダンスに転向。母と兄が活動するクルベリ・バレエに入団し1976年振付家デビュー。『ヴォツェック』を基にした『士官の従卒』を上演する。続いて、アパルトヘイトを告発した『ソウェト』(77年)やガルシア・ロルカの戯曲に触発され、スペインの旧家の因習《いんしゅう》が招いた悲劇を描いた『ベルナルダの家』(78年)など社会問題を鋭く突きつけた作品を次々と発表していく。

エックの名声を世界に広めたのは、古典の名作に大胆な読み直しを試みた『ジゼル』(82年)であろう。第1幕を南国の島、第2幕を精神病院に置き換えた舞台は、美術もモダンで、スペイン人の愛妻アナ・ラグーナの自由奔放なジゼルの形象と共に現代バレエ史にその快挙が刻まれている(クルベリ・バレエの89年と91年の来日公演で紹介されている)。

93年にはパリ・オペラ座でも上演され、マリ＝クロード・ピエトラガラ、ニコラ・ル・リッシュ、ジョゼ・マルティネズという最強の配役で、圧倒的な成功を収めた。以降再演を重ねレパートリーとして定着している。

古典の改作では、マザコンの王子の心理にスポットを当てた『白鳥の湖』(87年)や非行少女のオーロラ姫の成れの果てを描いた『眠れる森の美女』(96年ハンブルク・バレエ)、エックのミューズ、ラグーナ独壇場の『カルメン』(92年)などが代表作として挙げられる。

「ダンスとは、自分の身体について考える手段である」とエックは語る。

クルベリ・バレエ『ジゼル』第2幕より。ジゼル（右＝アナ・ラグーナ）は、アルブレヒトが見舞いにきても気づかない。マリ＝ルイーズ・エックマンの奇抜な美術も話題になった。　©瀬戸秀美

その作風を特徴づけるのは、ダイナミックで躍動的な動きをはじめ、挑発的な身振り、シュール・レアリズムの手法といったものである。

近年の主要作品に、NDTで初演された『ある種の…』（97年）、パリ・オペラ座から委嘱された現代社会のユーモアとペーソス漂う『アパルトマン』（2000年）、バリシニコフとラグーナのために振付けた『プレイス』（07年）や、ギエムに捧げた『バイ（アジュー）』（11年）などがある。

ギエムとは、『ウェット・ウーマン』（93年）や『スモーク』（95年）などの映像でも協力、スリル溢れるコラボレーションを展開している。

スウェーデン・ロイヤル・バレエの創立240周年を記念して創作した『ジュリエットとロミオ』（音楽チャイコフスキー、13年）は、久々の大作となり、主演の木田真理子は14年のブノワ賞受賞という栄誉に輝いた。

音楽を原点にNDTを率いて世界をリード

イリ・キリアン

1947年 3月21日生（プラハ）

略歴：9歳の時、国立バレエ学校でダンスを学ぶ。15歳でプラハ演劇学校に入学、ゾラ・センベロヴァに師事。67年英国ロイヤル・バレエ学校に入学。68年シュツットガルト・バレエに入団し、まもなく振付を手がける。75年NDTの副芸術監督に就任して以来、78〜99年芸術監督、99年芸術顧問。78年NDT2（ジュニア・グループ）、91年NDT3（シニア・グループ）創設。2009年NDT創立50周年を機に独立。振付作品は100作品を超え、うち70余りがNDTのために作られた。

オランダ、デン・ハーグのネザーランド・ダンス・シアター（NDT）を拠点に、30年以上にわたり、世界をリードする創作活動を展開してきた。シュツットガルト・バレエで、芸術監督のクランコから機会を与えられ、振付を開始。NDTとは1973年『ヴューアーズ』を振付けて以来の縁で、その2年後からNDTを本拠に移す。

キリアンの名が日本で知られるようになったのは、84年にシュツットガルト・バレエが、ヤナーチェク作曲『回帰』（75年）やドビュッシー作曲『雲』（76年）を上演して以来かと思われる。その後、ヌレエフ率いるウィーン国立バレエがハイドン曲『シンフォニー・イン・D』（76年）を上演。87年に来日したオーストラリア・バレエが、ブリテン曲『忘れられた大地』（81年）を、88年のロイヤル・ウィニペグ・バレエが『雲』を紹介。中でも〝カナダの宝石〟イヴリン・ハートが踊った『雲』は、雲の変容そのもので、その名演が語り継がれている。

90年NDT待望の初来日が実現。キリアンの出世作であるヤナーチェク曲『シンフォニエッタ』（78年）から、ドビュッシー曲『沈黙の叫び』（86年）、最新作のライヒ曲『堕ちた天使』（89年）まで一挙七作品が上演された。

師のクランコは物語バレエの天才であったが、キリアンは物語よりも音楽を創作の原点とし、まさに「躍《おど》る音符」を見ているような濃淡《のうたん》鮮やかな振付には、深遠なニュアンスが浮かび上がり、そこにキリアン芸術の粋がある。

91年本拠地ハーグで開催された芸術監督就任15周年記念シリーズでは代表作19本が上演されたが、例えばウェーベルンの『ノー・モア・プレイ』（88年）、モーツァルトの『小さな死』（91年）、J・S・バッハ『サラバンド』（90年）、ライヒ『堕ちた天使』、ウェーベルン『スイート・ドリーム』（90年）、モーツァルト『6つの舞踊』（86年）を

94年NDT日本公演、石井眞木作曲『輝夜姫』より中央=フィオナ・ルミス　©瀬戸秀美

組み合わせたプログラムは、連作の趣があり絶妙であった。

NDTのために作られた一晩ものには、ストラヴィンスキー曲『兵士の物語』(86年)や石井眞木作曲『輝夜姫』(88年)、ディーン曲『ワン・オブ・ア・カインド』(95年)、『アルチンボルド』(95年)などがある。『アルチンボルド』はNDT創立40周年とキリアンの芸術監督就任25周年を記念して創作、2000年にはNDT1・2・3の3つのカンパニー合同による改訂版が上演され、ラストの総群舞はまさに祝祭であった。

東京バレエ団のために『パーフェクト・コンセプションズ』(94年)を、パリ・オペラ座のために、カーゲル曲『舞踊学校』(89年)、神話に触発された『優しい嘘』(99年)、名画に想を得た『扉は必ず…』(2004年)などを創作。09年にはミュンヘン・バレエのために『渡り鳥』を振付けている。

キリアンの下からは、スペイン出身の精鋭ナチョ・ドゥアトはじめ、新潟市でNo・ismを率いる金森穣や中村恩恵など才能豊かな振付家が輩出されている。

『雲』を踊るモニク・ルディエールとマニュエル・ルグリ　©瀬戸秀美

20世紀末に彗星の如く登場した時代の寵児

ウィリアム・フォーサイス

1949年 12月30日生（ニューヨーク）

略歴：1971〜73年ジョフリー・バレエ在籍。73〜80年シュツットガルト・バレエ在籍。84年フランクフルト・バレエの芸術監督に就任。88〜98年パリ・シャトレ座に来演（90年〜パリ市と提携し定期公演）。99年〜パリ郊外ボビニーやシャイヨ劇場で公演。2005年1月フォーサイス・カンパニー結成（ドレスデンとフランクフルト両市の助成による）。2015年南カリフォルニア大学ダンス学部の教授に就任。

フォーサイスは間違いなく20世紀末のバレエ界の寵児であった。１９７３年にシュツットガルト・バレエに入団した時は、すでにクランコはこの世になかったが、このバレエ団で多くを吸収。76年ノヴェール協会の委嘱で、初の振付作品『ウルリヒト』（音楽マーラー）を発表。83年には、ヌレエフから委嘱され、パリ・オペラ座のために『フランス／ダンス』を振付けている。

84年にフランクフルト・バレエの芸術監督に就任するや、『アーティファクト』（音楽Ｊ・Ｓ・バッハ、ヘヒト）を初演、続いて『ステップ・テクスト』（音楽Ｊ・Ｓ・バッハ、85年）、ミュージカル『イザベルのダンス』（音楽ヘヒト、86年）、『ニュー・スリープ』（音楽ウィレムス、87年サンフランシスコ・バレエ）などを振付け、台頭を見せていく。

88年パリ・シャトレ座に初めて登場して以来およそ10年間にわたってこの劇場で定期的に公演、先鋭的な話題作を多数提供し時代をリードしてきた。

その先駆けとなったのは、87年パリ・オペラ座からの委嘱で振付けた『イン・ザ・ミドル・サムホワット・エレヴェイテッド』（音楽ウィレムス）である。

「中央のいくらか高いところに」という長いタイトルに特に深い意味はなく、ストーリーもない。ただ、舞台上方に吊るされた1対の金色のチェリーを二人のダンサーが見つめたところから踊りが始まる。ダンスは恐ろしくエッジがきいて鋭角的。重心をずらしたオフ・バランスが多用され、スリリングな効果抜群。これまで見たこともないスタイリッシュなダンスが新しい時代の到来を告げた。

この作品は、『インプレッシング・ザ・ツァー』（88年）という大作の第2部に組み込まれ、フランクフルト・

『イン・ザ・ミドル・サムホワット・エレヴェイテッド』ナディア・サイダコーワとミハイル・カニスキン　©瀬戸秀美

バレエの91年の初来日公演で紹介されている。初演時に、シルヴィ・ギエムのような天才をも手こずらせたハードな作品は、初演から四半世紀たった今日、世界各国のバレエ団で踊られるようになった。

　フォーサイスの作風は、振付から装置、衣裳、照明までほぼ全てを一人で受け持つトータル・アートに近い。耳をつんざくような大音響（ほとんどがトム・ウィレムス）も衝撃的だった。

　フォーサイスは96年にシャトレ座の公演で即興的に踊ったことがある。『シックス・カウンター・ポインツ』という6つの作品を組み合わせた新作で、何の予告もなくふらっと舞台に現れた。驚くべきは、抜群の反射神経と全身バネのような動きで、彼の振付の根源を目《ま》の当たりにするようだった。

　『スリンガー・ランド』『肢体の原理』（90年）から『失われた委曲』（91年）、『ヘルマン・シュメルマン』（92年）、『クインテット』（93年）、『エイドス：テロス』（95年）などを経て、作風は次第に鋭角路線から混沌としたカオスへと移行、世紀末の香りを深めていった。

　98年にシャトレ座との契約が切れた後も、翌99年パリ・オペラ座のために2本の新作『ワウンド・ワーク1』と『Pas./Parts』（音楽：ウィレムス）を振付けているが、いずれも極めてクオリティが高い。2016年7月には、オペラ座で新作が初演される予定である。

モンテカルロ・バレエのマイヨー振付『ロミオとジュリエット』 ©瀬戸秀美

現代振付家最前線

「振付家の時代」と言われて久しい。バレエの世界では、20世紀にベジャール、プティ、ノイマイヤーらが一時代を築いた。21世紀はこの巨匠たちに続く世代が世界各地で台頭を見せているが、一つ際立った特徴は、従来のように自分のバレエ団のみに止まらず、世界各地で仕事をするというグローバル化の傾向が強まってきたことである。

系譜の根幹を成すのは、クランコのシュツットガルト・バレエに連なるラインである。ノイマイヤー、キリアン、フォーサイスという大家を輩出した後も、ノイマイヤーの下からは、モンテカルロ・バレエを率いるジャン＝クリストフ・マイヨー（60～）やイリ・ブベニチェク、大石裕香らの人材が、キリアンの下からはスペイン人のナチョ・ドゥアト（57～）はじめ、ポール・ライトフット（66～）やソル・レオン（66～）が台頭、シュツットガルト以来の〝奇跡〟は今日まで続いているのである。

マイヨー率いるモンテカルロ・バレエは、85年にパリ・オペラ座出身のピエール・ラコットとギレーヌ・テスマーによって創立され、2015年に創立30周年を迎えた。『ロミオとジュリエット』（96年）は20年間も上演されている代表作。マイヨーはかつてのディアギレフ・バレエの精神を受け継ぎ、実験的で洗練された感覚の作品を発表しながら、世界のバレエ界を牽引し続けている。

一方、ドゥアトは、スペイン国立ダンス・カンパニーや、ミハイロフスキー・バレエを経て、2013年からベルリン国立バレエに拠点を移すなどその動向が注目されている。

英国は、ロイヤル・バレエやサドラーズ・ウェルズ劇場が振付家のレジデント・システムをとり、振付家の育

ボーン振付『白鳥の湖』 ©瀬戸秀美

成に積極的。こうした中から、ギエムとのコラボレーションで知られるラッセル・マリファント（1961～）やアクラム・カーン（74～）をはじめ、ウェイン・マクレガー（70～）やクリストファー・ウィールドン（73～）、リアム・スカーレット（86～）という有望な人材を生んだ。マシュー・ボーン（60～）振付の『白鳥の湖』（95年）は、王子が主役で、男性舞踊手が白鳥を踊るというアイディアが画期的で、空前のヒットを飛ばした。

ロシア出身のアレクセイ・ラトマンスキー（68～）も、古典の全幕版の改訂などで世界のバレエ団で活躍し、目が離せない。

しかし、今最も世界から熱い視線を浴びているのは、やはりパリ・オペラ座のバンジャマン・ミルピエ舞踊監督（77～）だろう。フランス人だが、NYCBで活躍した「バランシンの末《まつ》裔《えい》」である。かつて師のバランシンが門前払いされたバレエの殿堂に、80年の歳月を経て、バランシンの魂が舞い戻ってきたかのよう。2015年から本格的シーズンが始動し、早速《さっそく》、振付家養成のためのアカデミーを創設、アメリカ的合理主義を持ち込み、オペラ座を大改革しようという心意気がストレートに伝わってくる。

……………あとがき……………

本書は、筆者の平成27年度後期放送大学面接授業「バレエへの招待」のシラバスをご覧になった青林堂の担当者の方の発案で生まれました。このシラバスをそのまま本の目次にというところから話が進み、本書が出来上がりました。

今年は、私が最も敬愛する振付家のジョン・ノイマイヤーが「京都賞」を受賞し、世紀の舞姫シルヴィ・ギエムが50歳を迎え引退を表明、「世界文化賞」を受賞するという記念すべき出来事が重なり、この年に出版の運びとなったのは不思議な縁に思われます。

ちなみに、大学院時代にアンナ・パヴロワの研究を始めたのが、パヴロワの生誕100年に当たる1981年。パリ・オペラ座バレエ学校の日本公演『二羽の鳩』でギエムが踊るのを初めて見てその魅力に惹かれたのもこの年でした。大学で学問として舞踊を学んだ後、今度は〝現代のパヴロワ〟ギエムの進化を追い続けることが私の新たな目標になりました。

実際にパリに行って最初に見たバレエは、パリ・オペラ座のガラ公演（1990年10月3日）でしたが、〈フランスの舞踊家たちへのオマージュ〉と題された一夜を飾ったリファール、バランシン、ロビンズ、プティ、ベジャールの珠玉の作品集こそ、私が長い間理想として求めてきたものだったのです。それからパリには15年余り在住し、その間、パリ・オペラ座からシャトレ座のフォーサイス、テアトル・ド・ラ・ヴィルのピナ・バウシュまで世界の最先端のダンスをくまなく取材することができたのをはじめ、バレエ・リュスのレパートリーの復元上演にたびたび立ち会うことができたのは至福の時でした。そうした体験の一部をまとめたのが本書です。

刊行に当たっては、迫力ある舞台写真を多数ご提供下さったバレエ写真の第一人者、瀬戸秀美さんはじめ、貴重なバレエ資料をお貸し下さった兵庫県立芸術文化センター薄井憲二バレエ・コレクションの三浦栄里子さんに心よりお礼を申し上げます。薄井先生には、パヴロワの研究を始めた頃から何かとご指導を賜りました。青林堂の蟹江磐彦社長、丁寧な装丁をして下さったスピーチ・バルーンの森嶋則子さん、皆様に感謝の気持ちをお伝えさせていただきます。

渡辺 真弓

協力……
キョードー東京／光藍社／新国立劇場／ジャパン・アーツ
中日新聞社／中部日本放送／TBS／日本舞台芸術振興会
兵庫県立芸術文化センター薄井憲二バレエ・コレクション
Bunkamura／MIN-ON

主要参考文献・引用文献

シリル・ボーモント著、佐藤和哉訳（1992）「ジゼルという名のバレエ」新書館
ジャック・アンダソン著、湯河京子訳（1993）「バレエとモダンダンスの歴史」音楽之友社
竹原正三（1994）「パリ・オペラ座―フランス音楽史を飾る栄光と変遷」芸術現代社
「ディアギレフのバレエ・リュス展：舞台芸術の革命とパリの前衛芸術家たち：1909-1929」（1998）セゾン美術館（展覧会カタログ）
薄井憲二著（1999）「バレエの歴史―誕生から現代までの歴史」音楽之友社
森田稔（1999）「永遠の『白鳥の湖』チャイコフスキーとバレエ音楽」新書館
セルゲイ・グリゴリエフ著、薄井憲二監訳、森瑠依子 ほか訳（2014）「ディアギレフ・バレエ年代記1909-1929」平凡社
The Concise Oxford Dictionary of Ballet（1982）Oxford University Press
International Dictionary of Ballet（1993）St-James Press
パリ・オペラ座バレエ公演プログラム（1960年代～2015年）著者蔵

魅惑のバレエの世界
―入門編―

平成27年11月20日 初版発行

著者……渡辺真弓
写真……瀬戸秀美

発行人……蟹江磐彦

発行所……株式会社青林堂
〒150-0002 東京都渋谷区渋谷3-7-6
電話 03-5468-7769

印刷所……株式会社シナノパブリッシングプレス

ブックデザイン……森嶋則子

協力……株式会社スピーチ・バルーン

ISBN 978-4-7926-0533-9 C0073

http://www.garo.co.jp